भारत की प्रथम महिलाएँ

विकास खत्री

वी एण्ड एस पब्लिशर्स

प्रकाशक

वी एण्ड एस पब्लिशर्स

मुख्य कार्यालय
F-2/16, अंसारी रोड, दरियागंज,
नई दिल्ली-110002 ☎23240026, 27
✉ info@vspublishers.com
🌐 www.vspublishers.com

क्षेत्रीय कार्यालय : हैदराबाद
5-1-707/1, ब्रिज भवन (सेन्ट्रल बैंक ऑफ इण्डिया लेन के पास) बैंक स्ट्रीट, कोटी, हैदराबाद-500 095
☎ 040-24737290
✉ vspublishershyd@gmail.com

Online Brandstore: amazon.in/vspublishers

पुस्तकें ऑलाइन खरीदें: amazon Flipkart | **फ़ॉलो करें :**

ISBN 978-93-815883-3-8
नवीन संस्करण

Cataloging in Publication Data--DK
Courtesy: D.K. Agencies (P) Ltd. <docinfo@dkagencies.com>

Khatrī, Vikāsa Esa., author.
Bhārata kī prathama mahilāeṁ / Vikāsa Khatrī.
pages 22 cm
In Hindi.
Brief biographies of eminent Indian women from various fields.
ISBN 9789381588338

1. Women--India--Biography. 2. Celebrities--India--Biography. I. Title.

LCC HQ1742.K43 2023 | DDC 305.40954 23

मुद्रक : परम ऑफसेटर्स, ओखला, नई दिल्ली-110020

प्रकाशक की ओर से

प्रस्तुत पुस्तक 'भारत की प्रथम महिलाएँ' अपने विषय की प्रथम और मौलिक कृति है। भारत में महिलाएँ पुरुषों से किसी भी बात व क्षेत्र में कम या पीछे नहीं है– इस तथ्य को उजागर करती भारत की महिलाओं के शौर्य, गुण आदि सफलता की कहानी बयाँ करती हुई यह पुस्तक है, जो महिलाओं के गौरव स्वाभिमान को जगायेगी और उनके लिए अनुकरणीय बनेगी।

–प्रकाशक

विषय-सूची

1

श्रीमती प्रतिभा पाटिल

प्रथम महिला राष्ट्रपति

स्वतन्त्रता के 60 वर्षों बाद भारतीय गणतन्त्र ने एक महिला को देश की प्रथम नागरिक होने का गौरव प्रदान किया। श्रीमती प्रतिभा पाटिल ने राष्ट्रपति पद स्वीकार करके, महिला सशक्तिकरण का प्रतीक बनकर भारतीय इतिहास में एक स्वर्णपृष्ठ का इज़ाफा किया है। प्रतिभा ताई पाटिल स्वतन्त्र भारत की 12वीं राष्ट्रपति हैं।

महाराष्ट्र के जलगाँव जिले में 19 दिसम्बर 1934 को प्रतिभा पाटिल का जन्म हुआ। उनके पिता श्री नारायण राव पाटिल प्रसिद्ध वकील थे। प्रतिभा पाटिल ने जलगाँव के एम. जे. कॉलेज से एम.ए. तथा मुम्बई के लॉ कॉलेज से विधि–स्नातक की उपाधि प्राप्ति की। जलगाँव में उन्होने वकालत भी की।

7 जुलाई 1965 को श्री देवीसिंह शेखावत से प्रतिभा पाटिल का विवाह हुआ। देवीसिंह के पूर्वज राजस्थान के सीकर जिले के थे, पर जलगाँव में आकर बस गये थे।

- भारतीय महिला की छवि की परिचायक, उच्च–शिक्षित, शालीन श्रीमती प्रतिभा पाटिल 1962 में पहली बार महाराष्ट्र विधान–सभा के लिए चुनी गयी और फिर 1985 तक लगातार 5 बार जीतती गयीं। इस दौरान उपमन्त्री, केबिनेट मन्त्री तथा विपक्ष की नेता की भूमिकाएँ उन्होंने निभायीं।
- 1976 तक महाराष्ट्र सरकार में स्वास्थ्य एवं समाज कल्याण उपमन्त्री, स्वास्थ्य मन्त्री तथा पुनर्वास मन्त्री रहीं।
- जुलाई 1976 से फरवरी 1980 तक श्रीमती प्रतिभा पाटिल महाराष्ट्र विधान–सभा में विपक्ष की नेता रहीं।
- 1985 से 1988 तक राज्यसभा की उप–सभापति रहीं। इस दौरान राज्य सभा की विशेष अधिकार समिति की अध्यक्ष और व्यापार सलाहकार समिति की सदस्या रहीं।
- 1985 से 1990 के बीच राज्य–सभा की सदस्या रहीं तथा 1988 से 1990 तक महाराष्ट्र प्रदेश काँग्रेस कमेटी की अध्यक्ष भी रहीं।
- 1991 में श्रीमती प्रतिभा पाटिल लोकसभा के लिए चुनी गयीं तथा अगले पाँच वर्षों तक दोनों सदनों में विभिन्न समितियों के अध्यक्ष तथा सदस्य पदों का निर्वाह किया। 1996 के बाद वह राजनीतिक पटल से गायब हो गयीं।
- 8 वर्ष बाद 2004 में उन्हें राजस्थान का राज्यपाल बनाया गया और उसके बाद वह देश की प्रथम नागरिक बन गयी।

श्रीमती प्रतिभा पाटिल महाराष्ट्र में आरम्भ ही से समाजसुधार में व्यस्त रही हैं। महाराष्ट्र के सरकारी आन्दोलनों से यह सक्रिय रूप से जुड़ी हैं। महिलाओं के सशक्तिकरण, गरीबों के लिए आवास की स्थापना, कामकाजी महिलाओं के लिए होस्टल खोलने आदि में उनकी महत्त्वपूर्ण भूमिका रही है। अपने पैतृक शहर जलगाँव में उन्होंने ग्रामीण युवकों के लिए अभियान्त्रिकी महाविद्यालय तथा महिलाओं के लिए सहकारी बैंक स्थापित किये है। गरीब बच्चों के लिए स्कूली शिक्षा का प्रबन्ध किया है। अब वह सम्पूर्ण देश के लिए अपनी सेवाएँ समर्पित कर रही हैं।

2

कल्पना चावला

अन्तरिक्ष में जाने वाली पहली भारतीय महिला

जीवन में सफलता के आकाश को छूना प्रत्येक व्यक्ति के मन की इच्छा होती है। जो मेहनत और लगन से काम करता है, वह इस ऊँचाई तक पहुँच कर अमर हो जाता है। भारत की प्रथम महिला अन्तरिक्ष यात्री कल्पना चावला एक ऐसा ही नाम है। सितारों में जाना, आकाश की ऊँचाइयों को छूना कल्पना के जीवन का लक्ष्य था, जिसे उन्होंने प्राप्त किया। आज वह नहीं हैं, पर उनकी ऊँचाइयों को छूना दूसरों का सपना बन गया है।

राकेश शर्मा के पश्चात् दूसरी अन्तरिक्ष यात्री बनने का बहुमान कल्पना चावला को प्राप्त हुआ। राकेश शर्मा ने कल्पना को श्रद्धासुमन अर्पित करते हुए कहा था, 'बचपन में मैंने अन्तरिक्ष में जाने का सपना नहीं देखा था, पर छोटे से गाँव में रहने वाली कल्पना ने यह सपना देखा और अन्तरिक्ष में गयी।'

अन्तरिक्ष–यान कोलम्बिया एस.टी. एस. 107 जब टेक्सास, अरकिनसास और लुई–सियाना से दो लाख फीट ऊपर टुकड़ों में विभाजित हुआ, उस समय तक कल्पना अन्तरिक्ष में 760 घण्टे व्यतीत कर चुकी थीं। धरती के 252 चक्करों के बराबर 1.04 करोड़ किलोमीटर की यात्रा पूर्ण हो चुकी थी। अपने सपने की पूर्ति के लिए इतनी ऊँचाई तक जाने वाली कल्पना, फिर लौट कर धरती पर नहीं आ सकीं।

कौन थीं यह कल्पना!

भारत की इस वीर पुत्री के विषय में आइये! कुछ जानकारी प्राप्त करें।

'मैं भारत के करनाल की हूँ।' वह सदैव अपना परिचय इसी प्रकार देती थीं। प्रसिद्ध दार्शनिक एवं विचारक सेनेका ने कहा था, 'मैंने धरती के एक कोने के लिए जन्म नहीं लिया, सम्पूर्ण विश्व मेरी धरती है।' कल्पना भी प्रायः कहा करतीं, 'सम्पूर्ण ब्रह्माण्ड ही मेरा परिवार है।'

हरियाणा राज्य के करनाल शहर में 1961 में संयोगिता देवी तथा बनारसी दास के घर कल्पना का जन्म हुआ। विभाजन के पश्चात् बनारसी दास करनाल आये थे और टायरों का बिजनेस आरम्भ कर यहीं स्थायी रूप से बस गये।

कल्पना का घर का नाम मोण्टू था। गरमियों में आँगन में खुले आकाश के नीचे सोते समय तारों का निरीक्षण करते–करते कल्पना के मन में तारों के संसार को जानने–समझने की इच्छा जागृत हुई और इस इच्छा ने उसके जीवन का लक्ष्य निर्धारित कर दिया।

कल्पना करनाल के फ्लाईंग–क्लब की सैर को जाती थीं। शौक–शौक में वह जहाज के मॉडल बनातीं। आकाश में उड़ना और आकाश–गंगा में निवास करने की कल्पना उन्हें रोमांचित कर देती थी। जे.आर.डी. टाटा और तेंजिग नोरगे उनके आदर्श थे। वह उन दोनों के समान सफल व्यक्ति बनना चाहती थीं।

कल्पना की आरम्भिक शिक्षा टैगोर बाल निकेतन करनाल में हुई। 1972 में उन्हें पंजाब अभियान्त्रिकी महाविद्यालय में प्रवेश लिया। इस महाविद्यालय में वैमानिक अभियान्त्रिकी की शिक्षा ग्रहण करने वाली प्रथम छात्रा थीं।

अभियान्त्रिकी महाविद्यालय के प्रथम वर्ष में कल्पना ने 'अन्तरिक्ष में समय का भ्रम' विषय पर आलेख पढ़कर सबको अचरज में डाल दिया। महाविद्यालय के 'ऐरोएस्ट्रो क्लब' के सचिव की हैसियत से उन्होंने एक फिल्म का आयोजन किया। फिल्म 'अन्तरिक्ष के महान् यात्री अपने अन्तरिक्ष यान में' विषय पर आधारित थी। कल्पना पर सब का ध्यान केन्द्रित हो गया।

पंजाब अभियान्त्रिकी महाविद्यालय के उनके शिक्षक वासुदेव सिंह उनकी प्रतिभा से परिचित थे। उनके पास आज भी कल्पना के आलेख की हस्ताक्षरित पाण्डुलिपि सुरक्षित हैं। 31 जनवरी 2003 को उन्होंने कल्पना को अन्तरिक्ष यात्रा की बधाई तथा शुभ कामनाएँ ई–मेल से प्रेषित की थीं, जो उन्हें धरती पर लौटने के पश्चात् मिलनी थी। पर कल्पना, तक वह शुभेच्छाएँ नहीं पहुँच सकीं, क्योंकि अन्तरिक्ष–यात्रा की समाप्ति से पहले ही उनकी जीवन–यात्रा का अन्त हो गया था।

इंजीनियरिंग के बाद परिवार के लोग कल्पना का विवाह कर देना चाहते थे, परन्तु कल्पना उच्च शिक्षण ग्रहण करना चाहती थीं। अपने परिवार के एक विदेश निवासी मित्र की सहायता से उन्होंने उच्च शिक्षा के लिए अमरीका जाने की योजना बनायी। उनके

पिता असमंजस में थे, पर कल्पना ने उन्हें राजी कर लिया। कल्पना के जाने के केवल 5 दिन पूर्व वह पूर्णतः आश्वस्त हुए और कल्पना को आशीर्वाद दिया। ब्रिटिश एयरवेज की उड़ान कल्पना ने भागते–भागते पकड़ी पर एक बार जो उड़ान भरी, तो बस उड़ती ही गयीं...ऊँचे और ऊँचे। 1988 से 1994 के बीच सान–फ्रांसिसको से पायलट का लाइसेंस कल्पना ने प्राप्त किया तथा कलाबाजी उड़ान (स्काई डाइविंग) का प्रशिक्षण भी लिया। 'नासा' की बसन्त लक्ष्मी पुत्वा कहती हैं, 'उड़ान दल के दूसरे सदस्य नियमित कक्षाओं में मात्र व्याख्यान सुना करते, पर कल्पना नोट्स लिया करती। मुझे याद है, कई अवसरों पर वह ऐसे प्रश्न पूछ बैठती, जिनकी हमने योजना ही नहीं बनायी होती।'

- ➢ 1994 में 2,962 प्रार्थना–पत्रों में से कल्पना का प्रार्थना–पत्र 'नासा' में स्वीकृत हुआ।
- ➢ 1994 में ही केलीफोर्निया के लॉस–अल्टोस के 'ओवरसेट मैथड्स' में कल्पना उपाध्यक्ष की हैसियत से सम्मिलित हुई।
- ➢ 1994 में अन्तरिक्ष वैज्ञानिकों के पन्द्रहवें दल की सदस्य की हैसियत से कल्पना 'जानसन स्पेस सेण्टर' में गयी।
- ➢ 1996 में उसे 'मिशन एक्सपर्ट' का पद प्राप्त हुआ।
- ➢ 1997 में सोलह दिन के एक मिशन में कल्पना का एस.टी.एस. 107 की उड़ान के लिए चयन हुआ, जो 2003 में सम्पन्न होनी थी। यही उड़ान कल्पना की अन्तिम उड़ान थी।
- ➢ स्पार्टन उपग्रह जो सूर्य का अध्ययन करने के लिए भेजा गया था, कल्पना का पहला अन्तरिक्ष सफर था। इस यात्रा में कल्पना पर कार्य से लापरवाही बरतने का आरोप लगाया गया था। 'नासा' में साधारणतः गलतियाँ माफ नहीं की जातीं, पर कल्पना को एक 'असाधारण अन्तरिक्ष यात्री' मानकर क्षमा कर दिया गया। जब उन्हें 2003 की उड़ान में सम्मिलित किया गया, तो सहज ही वह आरोप–मुक्त हो गयीं।

कल्पना की असमय मृत्यु ने इतिहास के एक सुनहरे पन्ने को बीच ही में खत्म कर दिया। कल्पना के नाम को अमर रखने के लिए भारत ने कई कदम उठाये हैं, जैसे:

- ➢ 5 फरवरी 2003 को भारत के तत्कालीन प्रधानमन्त्री श्री अटल बिहारी वाजपेयी ने 'इण्डियन स्पेस रिसर्च आर्गनाइजेशन (इसरो) के नये उपग्रह का 'कल्पना' नामकरण किया।
- ➢ कल्पना–2 के 2007 में प्रक्षेपण की घोषणा की गयी।
- ➢ तारा–मण्डल 51826 का नाम 'कल्पना चावला' रखा गया है।
- ➢ न्यूयार्क की 74 स्ट्रीट का नाम अब 'सेवेण्टी फोर, कल्पना चावला स्ट्रीट' कर दिया गया है।

- हरियाण राज्य ने 'कल्पना चावला शिष्यवृत्ति' आरम्भ की है।
- चण्डीगढ़ के वैमानिक प्रशासन ने वैमानिक अभियान्त्रिकी के सर्वाधिक प्रतिभाशाली छात्र को 25 हजार रुपये तथा 'कल्पना चावला स्वर्ण पदक' देने का निर्णय लिया है।
- 'हिमगिरि छात्रावास' जहाँ कभी कल्पना रहती थी, का नाम 'कल्पना चावला छात्रावास' कर दिया गया है।
- तत्कालीन केन्द्रीय गृहमन्त्री तथा करनाल के पूर्व सांसद आई.डी. स्वामी ने एक मेडिकल कॉलेज को कल्पना का नाम देने का आश्वासन दिया है।
- पंजाब इंजीनियरिंग कॉलेज ने कल्पना के नाम पर एक संशोधन विभाग स्थापित करने की घोषणा की है।

कल्पना ने अपने संक्षिप्त जीवनकाल में जो कीर्तिमान स्थापित किया वह दूसरों के लिए प्रकाश–स्तम्भ है। एक साक्षात्कार में जब उसने उनकी सफलता का रहस्य पूछा गया, तो उन्होंने कहा था, 'एक शब्द में कहूँ तो 'लगन' मेरी सफलता का राज है। अध्ययन, अन्वेषण और संघर्ष भी महत्त्वपूर्ण है।'

कल्पना चावला का देश के नौनिहालों को दिया गया सन्देश वास्तव में बच्चों के लिए सफलता का मन्त्र ही है। उन्होंने कहा था, 'आज भौतिक लाभ उद्देश्य नहीं होना चाहिए...यह तो आप भविष्य में प्राप्त कर सकते हैं। मंजिल तक पहुँचने का रास्ता तलाश कीजिए। सबसे छोटा रास्ता आवश्यक नहीं कि सबसे अच्छा भी हो। मंजिल का नहीं, मंजिल तक का सफर महत्त्व रखता है। इस रास्ते पर चलते हुए हम प्रकृति की आवाजों को सुनें...गुनें।'

पूर्व प्रधानमन्त्री श्री आई. के. गुजराल ने कल्पना की सफलता पर कहा था, 'सितारों से आगे जहाँ और भी हैं, तुम्हें तो अपने देश का नाम और ऊँचा करना है।. ...हमें तुम पर नाज है कल्पना'।

3

रीता फारिया

पहली भारतीय मिस वर्ल्ड

रीता फारिया भारत ही की नहीं, सम्पूर्ण एशिया की प्रथम मिस वर्ल्ड हैं। वह मूलतः गोवा की रहने वाली हैं।

जब रीता ने मिस इण्डिया प्रतियोगिता में भाग लिया, तब वह मेडिकल कॉलेज में पढ़ रही थीं और मात्र 22 वर्ष की थी। मिस इण्डिया चुनी जाने के बाद मिस वर्ल्ड प्रतियोगिता में उन्हें जाना था। आज की भाँति तब कोई तामझाम नहीं होता था। उन्हें न कोई प्रायोजक मिला, न किसी डिजाइनर ने वार्ड रोब ऑफर किया। मात्र एयर इण्डिया ने उन्हें इकॉनॉमी क्लास का टिकट और तीन पौण्ड का फॉरेन–एक्सचेंज उपलब्ध कराया।

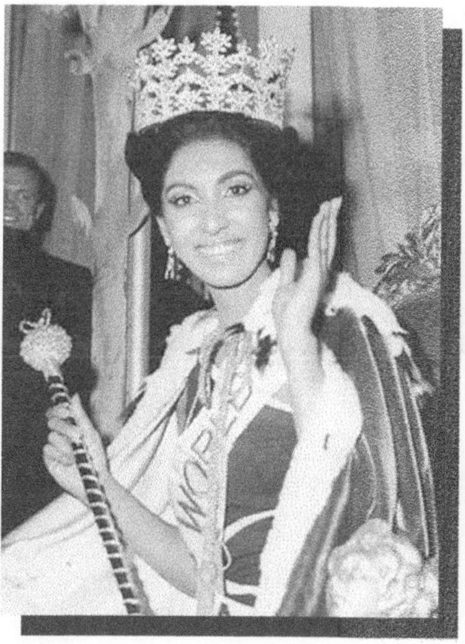

मेक–अप के नाम पर सिर्फ लिपस्टिक लगाकर वह मिस वर्ल्ड प्रतियोगिता में शरीक हुईं और अपने प्राकृतिक सौन्दर्य के बल पर विश्व–सुन्दरी का खिताब जीत लिया।

रीता फारिया मिस वर्ल्ड बनने के बाद ग्लैमर की दुनिया में नहीं आयीं। उन्होंने डॉक्टरी पेशे को प्राथमिकता दी। डॉ. डेविड पॉल से विवाह करके डबलिन में अपनी दो पुत्रियों के साथ शान्तिपूर्ण जीवन बिता रही हैं।

4

सानिया मिर्जा

डब्ल्यू.टी.ए. चैम्पियनशिप जीतने वाली प्रथम भारतीय महिला

सानिया मिर्जा का जन्म 15 नवम्बर 1986 को मुम्बई में हुआ। उनके पिता इमरान मिर्जा पत्रकार थे, फिर बिजनेस करने लगे। माँ नसीमा प्रिण्टिग व्यवसाय में हैं। सानिया की एक छोटी बहन भी है, जिसका नाम 'अनअम' है।

सानिया क्रिकेट की दीवानी हैं। सचिन तेन्दुलकर और शाहिद आफरीदी उनके पसन्दीदा खिलाड़ी हैं। वह तैराकी की भी शौकीन हैं। टेनिस में उनकी पसन्दीदा खिलाड़ी जर्मनी की स्टेफी ग्राफ हैं।

सानिया ने 6 वर्ष की आयु में टेनिस खेलना शुरू किया। आरम्भ में उनके पिता इमरान मिर्जा ही उनके कोच थे। फिर जब टेनिस ही उनके जीवन का लक्ष्य बन गया, तो उन्होंने बाकायदा ट्रेनिंग लेनी शुरू कर दी और आज प्रगति के पथ पर निरन्तर आगे बढ़ती जा रही हैं।

➢ 2005 में पहली बार सानिया मिर्जा ने किसी ग्रैण्ड स्लेम टूर्नामेण्ट में भाग

लिया था। ग्रैण्ड स्लेम में सानिया ने सिंगल्स मुकाबलों में अभी तक 28 मैच खेले हैं, जिनमें से 15 विजयी और 13 में पराजित हुई हैं। सानिया ने अब तक कुल 257 सिंगल्स खेले, जिनमें से 177 में वह जीतीं और 80 में हारी।

- सिंगल्स में सानिया को एक डब्ल्यू.टी.ए. खिताब भी प्राप्त हुआ है। यह खिताब सानिया ने 2005 में हैदराबाद में यूक्रेन की एवना बोडारेन को पराजित करके प्राप्त किये हैं।
- 2004 में दक्षिण अफ्रीका की लीजा होबर के साथ हैदराबाद में खेले गये टूर्नामेण्ट में चीन की 'ली' और 'सन' की जोड़ी को हराकर पहला खिताब जीता।
- 2006 में इस्तेम्बोल में आस्ट्रेलिया की मोलिक के साथ बोएडा रेंको और असन्ता सियाया की जोड़ी को हराकर दूसरा खिताब हासिल किया।
- 2006 में ही कोलकाता में खेले गये सन फेयरिस्ट ओपन में लीजा होबर के साथ पोकरीन की लोलिया बे गलेजेमीर और यूलियाना केडीक को पराजित कर तीसरा खिताब प्राप्त किया।
- 2007 में चौथा खिताब मराकश में अमरीका की बी. किंग के साथ जीता। 2007 में सनसनानती ओपन में सानिया ने माइक के साथ जोड़ी बनाकर रूस और बेलारूस की जोड़ी को पराजित किया और खिताब जीता।
- 2007 में स्टेनफोर्ड में आयोजित टूर्नामेण्ट में इसराइल की एस. पीर के साथ मिल कर खिताब हासिल किया।
- 2007 में न्यू हेवन में इटली की सान्ता ग्लो के साथ सातवाँ खिताब प्राप्त किया।
- सानिया मिर्जा के खाते में कुछ महत्त्वपूर्ण पराजय भी दर्ज है, जैसे,
- 2005 में वह आस्ट्रेलियन ओपन के तीसरे राउण्ड में तथा विम्बल्डन के दूसरे राउण्ड में पराजित हुईं।
- 2006 में वह आस्ट्रेलिया ओपन में दूसरे ही राउण्ड में हार गयीं, जबकि फ्रेंच ओपन और विम्बल्डन में पहले राउण्ड में उन्हें हार का मुँह देखना पड़ा।
- अमरीकी ओपन में वह तीसरे राउण्ड तक पहुँचीं और फिर हार गयीं। सानिया की दो बार फाइनल में और पाँच बार सेमी फाइनल में हार हुई है।
- 2003 में सानिया ने टेनिस क्षेत्र में कदम रखा था, तब उनकी रैकिंग 399 थी। 2005 में हैदराबाद में डब्ल्यू. टी. ए. खिताब प्राप्त करने के बाद विश्व–रैकिंग में वह 134 वें स्थान पर पहुँच गयीं। 2005 में स्टेनफोर्ड टूर्नामेण्ट के फाइनल तक पहुँच जाने के बाद हारने के बावजूद उनका स्थान 35वाँ हो गया।

सितम्बर के प्रथम सप्ताह में जब अमरीकी ओपन में सानिया को नयी रैकिंग जारी की गयी, तो सानिया का नम्बर 27वाँ हो गया।

वर्ष के अन्तिम ग्रैण्ड स्लेम अर्थात् अमरीकी ओपन में सानिया को खिलाड़ियों की दर्जाबन्दी में 27वाँ स्थान प्राप्त होना एक बहुत बड़ी उपलब्धि है। ग्रैण्ड स्लेम के इतिहास में यह पहला मौका था, जब किसी भारतीय महिला खिलाड़ी को दर्जाबन्दी में स्थान मिला। इससे पहले पुरुष खिलाड़ियों को सीडिंग दी गयी थी, पर यह गौरव प्राप्त करने वाली पहली महिला सानिया मिर्जा बन गयी हैं।

सानिया मिर्जा की गिनती आज टेनिस की चोटी की 30 खिलाड़ियों में होती है, पर सानिया की इच्छा चोटी की दस खिलाड़ियों में स्थान प्राप्त करने की है। यह गौरव प्राप्त करना सरल नहीं है, पर असम्भव भी तो नहीं है!

5

नरगिस

पद्मश्री पाने वाली पहली महिला फिल्म कलाकार

मदर इण्डिया में अमर भूमिका निभाने के लिए प्रसिद्ध नरगिस दत्त का जन्म 1 जून 1929 में हुआ था। नरगिस ऐसी पहली फिल्मी हस्ती बनीं, जिन्हें पद्मश्री से सम्मानित किया गया। साथ ही, वे राज्यसभा के लिए नामित होने वाली और कारलॉबी वेरी अवार्ड पाने वाली भी पहली फिल्म कलाकार रहीं। नरगिस ने 30 के दशक में बाल कलाकार के रूप में अपना फिल्मी कैरियर शुरू किया था। उन्होंने 40 व 50 के दशक में कई सुपरहिट फिल्में दीं। उनकी सबसे यादगार अदायगी वाली फिल्म मदर इण्डिया ऑस्कर के आखिरी राउण्ड तक पहुँची थी। इसी फिल्म के सेट पर एक आग–दुर्घटना में सुनील दत्त, जो फिल्म में उनके बेटे का रोल निभा रहे थे, ने उनकी जान बचायी और बाद में वे एक–दूसरे के जीवनसाथी बने।

6

रजिया सुल्तान

प्रथम मुस्लिम साम्राज्ञी

रजिया सुल्तान दिल्ली पर शासन करने वाली एकमात्र साम्राज्ञी हैं। रजिया जैसी साहसी महिलाएँ इतिहास में कम ही नजर आती हैं।

रजिया गुलाम वंश के प्रतापी बादशाह अल्तमश की पुत्री थीं। वह वीरता और साहस का अनुपम उदाहरण थीं, सुन्दर और मृदु–स्वभावी थीं। घुड़सवारी, तीरन्दाजी तथा अस्त्र–शस्त्र चलाने में माहिर थीं। वह बुद्धिमान तथा कुशल प्रशासक थीं, पर वह महिला थीं, इसलिए उसकी योग्यताओं की कोई कद्र नहीं हुई।

अल्तमश के उन्नीस पुत्र थे। पुत्री एकमात्र रजिया थीं। वह सिर्फ रजिया से खुश

था। वह कहा करता था कि 'मर्द तो बस रजिया है।' जब भी वह दिल्ली से बाहर जाता, तो राज्य का कामकाज रजिया ही देखती।

अल्तमश ने अपने पुत्र नसीरुद्दीन को युवराज घोषित कर दिया था, पर उसकी अकस्मात् मृत्यु के कारण किसी दूसरे को युवराज घोषित करना था। पुत्रों की तुलना में उसे रजिया अधिक योग्य लगी और उसने रजिया को उत्तराधिकारी घोषित कर दिया, पर अमीरों और मन्त्रियों ने एक महिला को शासक बनाने का विरोध किया। रजिया ने अपने भाई रुकनुद्दीन के लिए सिंहासन छोड़ दिया।

रुकनुद्दीन बहुत ही अयोग्य निकला। सुरा और सुन्दरी के सिवा उसे और किसी से मतलब नहीं था। राजकाज में भी उसे रुचि नहीं थी। दरबारी और प्रजा उसे पसन्द नहीं करते थे। रजिया ने इसका फायदा उठाया और जनमत को अपने पक्ष में करके दिल्ली के सिंहासन पर बैठ गयी। इस्लाम धर्म के कट्टर अनुयायी सरदारों ने विरोध किया, पर रजिया ने चतुराई से काम लेकर उनमें फूट डलवा दी ताकि वे फिर एकत्र होकर विद्रोह न कर सकें।

रजिया ने 1236 से 1240 ई. तक दिल्ली पर शासन किया। वह परदा नहीं करती थीं। वह दरबार लगातीं, मुकदमे सुनतीं और न्याय करतीं। उन्होंने सब महत्त्वपूर्ण पदों पर अपने वफादारों की नियुक्ति की। वह एक योग्य शासक थीं। अल्तमश की मृत्यु के पश्चात् राज्य में जो अव्यवस्था उत्पन्न हो गयी थी, रजिया ने कुशलता से उसका निवारण किया। प्रजा की भलाई के ढेरों काम किये। इतिहासकारों ने स्वीकार किया है कि वह प्रजा में बहुत लोकप्रिय थीं।

उन्होंने सरदारों के द्वारा किये गये विद्रोह को कुचल डाला। लाहौर के विद्रोह को शान्त किया था कि भण्टिडा में अल्तूनिया ने विद्रोह कर दिया। वह सेना के साथ भण्टिडा पहुँचीं। रास्ते की गरमी और कठिनाइयों से हारकर बहुत सें सैनिक मृत्युमुखी हो गये। जो बचे वे शत्रु से मिल गये। रजिया को बन्दी बना लिया गया।

अल्तूनिया ने रजिया से सन्धि कर ली और दोनों ने दिल्ली की ओर कूच किया, जहाँ रजिया के भाई कब्जा कर चुके थे। उन्होंने अल्तूनिया और रजिया दोनों को मार डाला।

इस प्रकार इतिहास के एक सुनहरे अध्याय का अन्त हो गया।

7

साइना नेहवाल

चार सितारा बैडमिण्टन प्रतियोगिता जीतने वाली पहली महिला खिलाड़ी

17 वर्षीय साइना 2006 में फिलिपींस ओपन बैडमिण्टन चैम्पियनशिप जीतकर चार सितारा बैडमिण्टन चैम्पियनशिप जीतने वाली पहली भारतीय महिला खिलाड़ी बन गयीं। फिलहाल, पूर्व ऑल इंग्लैण्ड बैडमिण्टन चैम्पियन पुलेला गोपीचन्द के एकेडमी में खेल की बारीकियाँ सीख रही साइना खेल में अपनी पावर के लिए जानी जाती हैं।

साइना के माता–पिता हरियाणा में इसी खेल के स्टेट चैम्पियन रहे हैं। साइना अण्डर–19 राष्ट्रीय बैडमिण्टन प्रतियोगिता का खिताब जीत चुकी है। लेकिन राष्ट्रीय

महिला प्रतियोगिता में दो बार फाइनल में अपर्णा पोपट के हाथों हारकर खिताब से चूक गयीं। हालाँकि, साइना के नाम एशियन सैटेलाइट बैडमिण्टन टूर्नामेण्ट (इण्डिया चैप्टर) का खिताब दो बार जीतने का ऐसा रिकॉर्ड है, जिसे देश की कोई और महिला खिलाड़ी छू नहीं सकी है।

8

अदिति गोवित्रिकर

पहली भारतीय 'मिसेज वर्ल्ड'

पेशे से डॉक्टर, अदिति एक सफल मॉडल तथा एक अभिनेत्री भी हैं। उनका जन्म 1 जनवरी, 1976 को हुआ था तथा 2001 में उन्होंने 'मिसेज वर्ल्ड' का खिताब जीतने वाली प्रथम भारतीय महिला होने का गौरव प्राप्त किया। लोग उन्हें उनके विवाहोपरान्त डॉक्टर साराह मुफज्जल लकड़ावाला के नाम से भी जानते हैं।

अदिति हालाँकि पेशे से महिला रोग विशेषज्ञ हैं, परन्तु उन्होंने अपने कैरियर की

शुरुआत 1996 में उस समय एक मॉडल के रूप में की, जब उन्होंने 'ग्लैडरैग्स मॉडल कॉंटेस्ट' जीता। अगले ही वर्ष उन्होंने 'एशियन सुपर मॉडल कॉंटेस्ट' भी जीता और 2001 में वे 'मिसेज वर्ल्ड' बनीं।

उन्होंने कई हिन्दी एवं दक्षिण भारतीय फिल्मों में महत्त्वपूर्ण भूमिकाएँ निभायी हैं तथा कोकाकोला समेत अनेक बड़ी कम्पनियों के लिए मॉडलिंग भी की है।

9

प्रमिला

पहली मिस इण्डिया

स्वाधीनता के जश्न एवं विभाजन की उथल–पुथल के बीच अभिनेत्री प्रमिला को प्रथम 'मिस इण्डिया' चुना गया। विभिन्न पत्र–पत्रिकाओं के सम्पादकों के संरक्षण में पूरे भारत के प्रशंसकों के मतानुसार उस समय की स्टण्ट फिल्मों की इस स्टार खलनायिका को मोरारजी देसाई ने प्रथम मिस इण्डिया के ताज से नवाजा।

जन्म से ही विद्रोही प्रवृत्ति की प्रमिला (जिनका वास्तविक नाम एस्थर विक्टोरिया अब्राहम था) 17 वर्ष की उम्र में अपने बगदादी यहूदी परिवार की इच्छा के विरुद्ध एक थिएटर कम्पनी में शामिल हुईं।

सफलता तो मानों उनका इन्तजार ही कर रही थी। शीघ्र ही वे रूपहले पर्दे के स्टार के रूप में पूरे भारत में छा गयीं।

उन्होंने एक स्टण्ट स्टार एवं एक खलनायिका के रूप में 30 से अधिक फिल्मों में काम किया। 'उलटी गंगा', 'बिजली', 'बसन्त' एवं 'जंगल किंग' उनकी कुछ प्रमुख फिल्मों में से हैं।

वे भारत की प्रथम महिला फिल्म निर्माता भी बनीं और अपने 'सिल्वर प्रोडक्शंस' के बैनर तले उन्होंने 16 फिल्मों का निर्माण किया।

10

रानी चेनम्मा

प्रथम वीरांगना

कित्तूर की रानी चेनम्मा भारत की प्रथम वीरांगना थीं, जिसने फिरंगियों को मार भगाने के लिए देशभक्तों की एक सेना तैयार की थी।

रानी चेनम्मा का जन्म 1778 में कर्नाटक के कित्तूर के काकतीय राजवंश में हुआ था। चेनम्मा का अर्थ होता है– 'सुन्दर कन्या'। उनकी सुन्दरता देख माता–पिता ने उनका नाम 'चेनम्मा' रखा था। चेनम्मा घुड़सवारी, शस्त्र–संचालन, आखेट तथा समस्त युद्ध–कलाओं में दक्ष थीं। वह कन्नड़, उर्दू, मराठी तथा संस्कृत भाषाएँ जानती थीं।

चेनम्मा का विवाह कित्तूर के ग्यारहवें शासक राज मलल सर्ज से हुआ। कित्तूर बेलगाम से 5 किलोमीटर दूर पुणे से बंगलौर (अब बंगलुरु) जाने वाली सड़क पर स्थित है। कित्तूर राज्य में 72 दुर्ग और 358 गाँव शामिल थे। कित्तूर हीरे–जवाहरात का प्रसिद्ध केन्द्र था। विवाहोपरान्त चेनम्मा ने राजकाज में पति का हाथ बँटाना शुरू किया, पर राजा के पुणे के पेशवा से मतभेद हो जाने के कारण पेशवा ने छलकपट से उन्हें बन्दी बना लिया, जहाँ 1816 में कैद में ही राजा की मृत्यु हो गयी।

रानी चेनम्मा को पुत्ररत्न की प्राप्ति हुई, पर शिशु की अकालमृत्यु होने से चेनम्मा ने बड़ी रानी रुद्रम्मा के पुत्र शिवलिंगम रुद्रसर्ज को गोद ले लिया। शिवलिंगम भी एक गम्भीर बीमारी से ग्रस्त हो गया, तो उसने अपने सम्बन्धी मारी गोड़ा के पुत्र गुरुलिंगम को दत्तक ले लिया। चेनम्मा राजकाज चलाने लगी।

दीवान मलप्पा भोट्टी और उसका साथी नारायणराव अँग्रेजों से मिल गये तथा दत्तक पुत्रों की सूचना अँग्रेज कलेक्टर को दे दी। कलेक्टर थैकरे ने रानी चेनम्मा को संरक्षण–पद छोड़ने तथा राज्य के अधिकार दीवान मलप्पा भोट्टी को देने के आदेश दिये, जिसे मानने से रानी ने इनकार कर दिया। उसने थैकरे को जवाब दिया, 'चित्तूर राज्य एक स्वतन्त्र राज्य है....और स्वतन्त्र ही रहेगा। इसके लिए आवश्यक हुआ, तो हम युद्ध भी करेंगे।'

रानी चेनम्मा ने कित्तूरवासियों को समझाया, 'कम्पनी सरकार हमसे कित्तूर छीन लेना चाहती है, लेकिन जब तक तुम्हारी रानी की नसों में रक्त की एक बूँद भी रहेगी, कित्तूर किसी के सामने सर नहीं झुकाएगा। पराधीन होने से मर जाना अच्छा है। राज्य को दासता की जंजीरों से बचाने के लिए हमें युद्ध करना है।' दत्तक पुत्र का विधिवत् राज्याभिषेक कराने के साथ रानी ने लोगों से राज्य को सदा स्वतन्त्र रखने की शपथ ली। उनसे कहा, 'यह संग्राम केवल कित्तूर के लिए नहीं है, यह हमारी पुण्यभूमि भारत के लिए है।'

अँग्रेंजों ने अन्ततः आक्रमण कर दिया। कित्तूर के किले को घेर लिया गया। 23 सितम्बर 1824 को रानी और उसके सैनिक किले का फाटक खोल कर बाहर आये और ऐसी वीरता दिखायी कि शत्रु को पराजय का मुँह देखना पड़ा। थैकरे को मार गिराया गया। उसके मरते ही अँग्रेंजी सेना भाग खड़ी हुई। मलप्पा भोट्टी और नारायण ाराव भी कैद कर लिये गये।

इस पराजय से एक तो अँग्रेंजों की प्रतिष्ठा धूमिल हुई, दूसरे कित्तूर वे आसपास के राज्यों को स्वतन्त्रता के लिए संघर्ष का सम्बल मिला। अँग्रेजों ने अपना वर्चस्व रखने के लिए रानी को सन्देश भेजा कि यदि इलियट और स्टीवेंस को छोड़ दिया जाये, तो कित्तूर की आजादी को धक्का नहीं पहुँचाया जायेगा। रानी ने थैकरे के व्यवहार की जाँच कराने पर बल देते हुए दोनों को छोड़ दिया।

अँग्रेजों ने विश्वासघात किया। 2 दिसम्बर 1824 को 200 तोपों के साथ फिर

आक्रमण कर दिया। कूटनीति से काम लेकर किले के भीतर का बारूद नष्ट करा दिया। रानी चेनम्मा के सेनापति गुरु सिद्धप्पा ने अन्त तक सामना किया, पर अन्ततः पराजय हुई। 5 दिसम्बर 1824 को रणचण्डी रानी और उसकी पुत्रवधू गिरफ्तार हो गये। वीर बाँकुरे सैनिक या तो मारे गये या कैद हुए। कित्तूर का किला अँग्रेजों को सौंपने के कागजों पर रानी के हस्ताक्षर लिये गये तथा उन्हें बेलगाम में नजरबन्द कर दिया गया। बेलगाम से रानी को धारवाड़ ले जाते समय कित्तूरवासियों ने फिर विद्रोह किया, पर असफल रहे। रानी के साथियों में रायण्णा, नागरकट्टी, चेन्ना वासप्पा, जगवीर, बालवण्णा आदि को फाँसी पर चढा दिया गया। 2 फरवरी 1829 को कैद में रानी का प्राणान्त हुआ और भारत की प्रथम वीरांगना की कहानी समाप्त हुई।

रानी के बलिदान की स्मृति में उनके महल को संग्रहालय का रूप दिया गया। 1966 में उन पर डाक–टिकट भी जारी किया गया है। रानी की वीरगाथा आज भी जन–जन की ज़बान पर है।

11

रमा देवी

राज्यसभा की पहली महिला महासचिव

15 जनवरी, 1934 को आन्ध्र–प्रदेश के छेबरोलु में जन्म लेने वाली रमा देवी की शिक्षा इलरू व हैदराबाद में पूरी हुई। उन्होंने एम.ए. व एल.एल.एम. की डिग्री हासिल करने के बाद आन्ध्र–प्रदेश हाईकोर्ट में वकालत शुरू की।

बाद में उन्होंने सिविल सर्विसेज परीक्षा पास करने के बाद केन्द्र सरकार के कई महत्त्वपूर्ण पदों पर कार्य किया। विविध आयोगों के सदस्य, सचिव व मुख्य चुनाव आयुक्त के रूप में काम करने वाली रमा देवी राज्यसभा की पहली महिला महासचिव बनीं।

उन्हें कई राष्ट्रीय व अन्तर्राष्ट्रीय पुरस्कारों व सम्मानों से सम्मानित किया गया। रमा देवी 26 जनवरी 1999 तक हिमाचल–प्रदेश की राज्यपाल रहीं। इसके बाद उन्होंने कर्नाटक के राज्यपाल के तौर पर कार्य किया।

12

सावित्री बाई फुले

प्रथम शिक्षिका

भारत में महिलाओं की स्वतन्त्रता और उनके अधिकारों के लिए आवाज उठाने वालों में सबसे पहला नाम ज्योतिबा फुले और उनकी धर्मपत्नी सावित्री बाई फुले का है।

जब सावित्री बाई ने महिलाओं के अधिकारों के लिए काम आरम्भ किया, तब जस्टिस रानाडे दस वर्ष के और विष्णु शास्त्री चिपलूनकर मात्र दो वर्ष के थे। आगरकर, महर्षि कर्वे तथा गाँधी जी जैसे नेताओं का जन्म भी नहीं हुआ था.... अर्थात् सावित्री बाई फुले ने उस समय महिला जागृति का काम आरम्भ किया, जब कोई पुरुष इस क्षेत्र में अग्रणी नहीं था। अपने पति ज्योतिबा फुले की सहायता से सावित्री बाई यह कार्य कर पायीं।

सावित्री बाई का जन्म 3 जनवरी 1831 को हुआ। उनके पिता का नाम खण्डूजी पाटिल था। वह महाराष्ट्र के खण्डाला तालुके के नायगाँव के रहने वाले थे। 1840 में 9 वर्ष की अल्पायु में सावित्री बाई का विवाह ज्योतिबा फुले से हुआ।

उस समय के भारतीय समाज में जाति–भेद, अस्पृश्यता, बाल–विवाह आदि कुप्रथाएँ, प्रचलित थीं। विधवा होने पर महिलाओं के सिर के बाल काट दिये जाते थे। उन्हें शिक्षा नहीं दी जाती थी। उन्हें मात्र घर का काम करने वाली तथा सन्तान उत्पन्न करने की मशीन समझा जाता था।

ज्योतिबा फुले इस बात को समझते थे कि शिक्षा के बिना महिलाओं में जागृति नहीं आ सकती। इसलिए उन्होंने पहले सावित्री बाई को शिक्षा देनी आरम्भ की। इस प्रकार भारत में सावित्री को पहला पाठ पढ़ाया। शीघ्र ही वह दिन आ गये, जब सावित्री बाई लड़कियों को पढ़ाने योग्य हो गयीं।

1 जनवरी 1848 को बुधवार पेठ, पुणे में भिड़े परिवार के मकान के आँगन में लड़कियों का प्रथम विद्यालय खुला। 1851 में पुणे में ही पिछड़ी जाति के बच्चों के लिए विद्यालय शुरू हुआ। सावित्री बाई ने इन दोनों विद्यालयों में अध्यापन–कार्य शुरू किया और भारत की प्रथम शिक्षिका बन गयीं।

महिलाओं का शिक्षित होना पुरुष–प्रधान समाज में बहुत से लोगों को पसन्द नहीं आया। उन्होंने सावित्री बाई को तंग करने के लिए उन पर ईंट–पत्थर, गोबर–गन्दगी फेंका, उन्हें अपशब्द कहे, पर सावित्री बाई अपना काम करती रहीं।

28 जनवरी 1853 को सावित्री बाई ने 'बाल हत्या प्रतिबन्धक गृह' खोला.... और घोषणा करा दी कि 'विधवा, बलात्कार की शिकार या स्वयं ही गलत रास्ते पर जाकर माँ बनने वाली महिलाओं की सन्तानो के यहाँ देख–भाल की जायेगी।' इस साहसिक कदम से महिलाओं में आत्महत्या की तथा बालमृत्यु की दर कम हो गयी। इस कार्य में सावित्री बाई को ज्योतिबा फुले, हरि देशमुख, राव बहादुर गोविन्द, श्री भाण्डारकर, न्यायमूर्ति रानाडे आदि ने बहुत साथ दिया।

सावित्री बाई ने अनाथ बालकों को ममता दी। वह निःसन्तान थीं। उन्होंने एक ब्राह्मण विधवा काशीबाई के पुत्र यशवन्त को स्वयं गोद लिया। यही यशवन्त बाद में उनका उत्तराधिकारी बना।

सावित्री बाई ने बाल–विवाह की प्रथा बन्द करायी, सती–प्रथा को खत्म किया, विधवा–विवाह को प्रोत्साहन दिया, पिछड़ी जाति वालों तथा महिलाओं को उनके अधिकार दिलाये तथा महिलाओं की आर्थिक स्थिति सुधारने के लिए घरेलू उद्योगों का विकास किया।

सावित्री बाई और ज्योतिबा ने मिल कर मुम्बई और पुणे के नाइयों का एक जुलूस निकाला, जिसमें सम्पूर्ण नाई वर्ग ने शपथ ली कि वे विधवाओं के केश नहीं काटेंगे... और इस प्रकार यह लज्जाजनक परम्परा बन्द हुई।

12 फरवरी 1853 में अँग्रेज सरकार ने शिक्षा के क्षेत्र में सावित्री बाई के योगदान को देखते हुए उनका सत्कार किया। यह पहला अवसर था, जब अँग्रेज शासकों ने किसी भारतीय का अभिनन्दन किया। सावित्री बाई का कार्य वस्तुतः भारतीय इतिहास में सुनहरे अक्षरों से लिखा और याद किया जाता है।

13

डॉ. नजमा हेपतुल्ला

तीन बार राज्यसभा की उप-सभापति रहने वाली पहली महिला

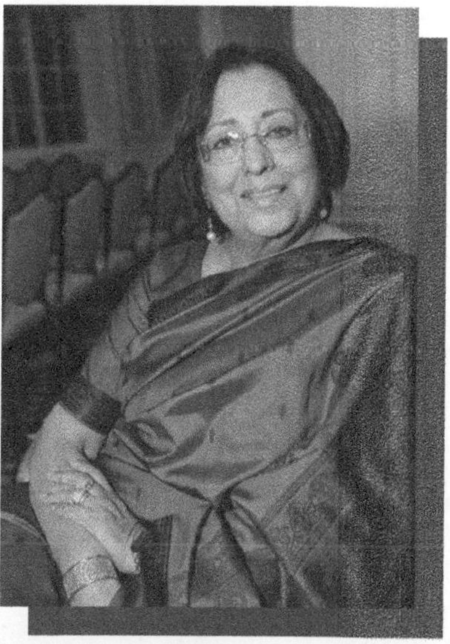

नजमा हेपतुल्ला तीन बार राज्य–सभा की उप–सभापति रहने वाली पहली भारतीय महिला हैं। विगत उपराष्ट्रपति चुनावों में वे राजग की ओर से उम्मीदवार भी थीं। राज्य–सभा में अपने कार्यकाल के दौरान उन्होंने न केवल अच्छी एवं स्वच्छ छवि बनायी, बल्कि सु–प्रशासन के उदाहरण भी प्रस्तुत किये।

इसके अतिरिक्त उन्होंने अनेक कठिन परिस्थितियों में अपनी सूझ–बूझ एवं नेतृत्व क्षमता का परिचय भी दिया।

वर्तमान में वे राजस्थान से भारतीय जनता पार्टी के टिकट पर राज्य–सभा की सदस्य हैं। वे मौलाना अबुल कलाम आजाद की पड़पोती हैं। उनका जन्म 13 अप्रैल, 1940 को भोपाल में हुआ था। वे जीवविज्ञान में स्नातकोत्तर एवं हृदय–संरचना विज्ञान में डॉक्टर हैं।

उन्होंने अपने राजनैतिक जीवन के प्रारम्भ में काँग्रेस पार्टी के निचले स्तर के अनेक संगठनों का प्रतिनिधित्व किया। सर्वप्रथम वे मुम्बई–प्रदेश काँग्रेस कमेटी की महासचिव एवं उपाध्यक्ष नियुक्त हुईं।

1980 में वे प्रथम बार राज्य–सभा की सदस्य बनीं। वे 1985 से 1986 एवं तत्पश्चात् 1988 से 2004 तक राज्य–सभा की उप–सभापति रहीं।

14

मीरा बोरवंकर

मुम्बई पुलिस क्राइम ब्रांच की पहली मुखिया

अगर मीरा किसी अन्य मैट्रो शहर की पुलिस की क्राइम ब्रांच की मुखिया बनतीं, तो शायद यह इतनी बड़ी खबर नहीं होती। लेकिन, जब मीरा ने 21 जुलाई, 2006 को मुम्बई पुलिस की क्राइम ब्रांच की जिम्मेदारी सम्भाली, तो उन्होंने इतिहास रच डाला।

दुनिया के सबसे संगठित माफिया गिरोहों में शामिल मुम्बई माफिया को खत्म करने के कार्य में लगे मुम्बई पुलिस के इस विभाग में पहली बार कोई महिला इस पद पर पहुँची। मीरा का क्राइम ब्रांच के सर्वोच्च पद पर पहुँचना दाऊद या छोटे राजन

जैसे माफिया सरगनाओं के लिए राहत की साँस नहीं है, क्योंकि मीरा पुलिस अफसरों के सबसे कठोर पुलिस अफसरों में से एक मानी जाती हैं।

1981 बैच की आईपीएस मीरा 1987–91 तक मुम्बई पुलिस में डिप्टी कमिश्नर पद पर रह चुकी हैं। वे 1991–93 तक औरंगाबाद की एसपी और 1996–99 तक सतारा की एसपी रहीं।

1993–95 के दौरान राज्य के अपराध जाँच विभाग के साथ काम करते हुए मीरा ने जलगाँव सैक्स स्केण्डल जैसे कई मामलों का पर्दाफाश किया। पुलिस पदक और डीजीपी के चिह्न से सम्मानित हो चुकी मीरा सीबीआई के साथ भी काम कर चुकी हैं।

15

नैना लाल किदवई

हार्वर्ड बिजनेस स्कूल की पहली भारतीय ग्रेजुएट व भारत में विदेशी बैंक का कामकाज देखने वाली प्रथम महिला

हांगकांग और शंघाई बैंकिग कारपोरेशन (HSBC) ने नैना लाल किदवई को भारत में उनका कारोबार देखने की जिम्मेदारी सौंपी है। भारत में किसी विदेशी बैंक का कामकाज देखने वाली वह दूसरी व्यक्ति तथा प्रथम महिला हैं। यह अपने–आप में एक कीर्तिमान है।

1957 में नैना का जन्म हुआ। मुम्बई और दिल्ली में उनका बचपन गुजरा। 1968 से 1973 तक शिमला के लोरेटो कान्वेण्ट में पढ़ाई की।

1974 से 1977 के मध्य लेडी श्रीराम कॉलेज दिल्ली से स्नातक की डिग्री ली।

1977 से 1980 के बीच इंस्टीट्यूट ऑफ चार्टर्ड अकाउण्टेण्ट्स से अकाउण्टेसी की डिग्री ली और अमरीका चली गयीं। 1982 में हारवर्ड बिजनेस स्कूल से एम.बी.ए. की डिग्री ली और उसके बाद ए.एन.जेड. ग्रिडलेज बैंक (अब स्टैण्डर्ड चार्टर्ड बैंक) से नौकरी आरम्भ की।

1989 से 1991 में अपने कुशल कार्य के कारण सराही जाती रहीं। 1991 में उन्हें बैंक की ग्लोबल एन.आर.आई. सर्विसेज और पश्चिम भारत में रीटेल बैंकिग का प्रमुख बनाया गया। नैना ने अत्यन्त कुशलता से इस जिम्मेदारी को पूरा किया और बैंक को ऊँचे मुकाम पर पहुँचा दिया।

1994 में वह मार्गेन स्टेनले में आ गयीं। कम्पनी ने उन्हें भारत में अपना काम देखने का दायित्व सौंप दिया, जिसे सफलता से निभाते हुए कम्पनी की साख में उल्लेखनीय वृद्धि की।

2002 में नैना ने हांगकांग और शंघाई बैंकिंग कारपोरेशन (HSBC)में नौकरी कर ली।

2004 तक भारत में एच.एस.बी.सी. की डेप्यूटी सी.ओ. (Deputy C.O.) रहने के पश्चात् उन्हे चीफ एक्जीक्यूटिव ऑफीसर पद पर उन्नति दे दी गयी और वह भारत में विदेशी बैंक का कामकाज देखने वाली प्रथम महिला बन गयीं।

नम्बर–वन महिला नैना की प्रतिभा को भारत ही में नहीं, विश्व में सराहा गया है। 2000 में 'फार्चून' पत्रिका ने उन्हे एशिया की सर्वाधिक प्रभावशाली महिलाओं की सूची में तीसरा क्रमांक दिया।

2002 में 'टाइम' पत्रिका ने विश्व के 15 प्रमुख व्यक्तियों में उन्हें समाविष्ट किया। 2004 में 'वॉल–स्ट्रीट' जर्नल ने उन्हे विश्व की 50 शीर्ष महिलाओं में 34वें नम्बर पर रखा।

नेशले कम्पनी ने उन्हें अपने निदेशक मण्डल में स्थान दिया। यह सम्मान पाने वाली वह प्रथम महिला हैं। नैना कुशल गृहिणी और दो सन्तानों की ममतामयी माँ हैं। फुर्सत के दिन उन्हें हिमालय की गोद में प्रकृति के सानिध्य में बिताना, वन्यजीवन देखना, भारतीय व पाश्चात्य संगीत सुनना, पुस्तकें पढ़ना पसन्द है।

16

किरण बेदी

प्रथम महिला आईपीएस

किरण बेदी भारत की प्रथम महिला आई.पी.एस. हैं। वह भारतीय महिलाओं के लिए आदर्श हैं। 9 जून 1949 को अमृतसर में किरण बेदी का जन्म हुआ। उन्हें आरम्भ से खेलों में रुचि थी। 1966 में वह टेनिस की राष्ट्रीय जूनियर चैम्पियन बनीं। पंजाब में उनके परिवार को 'टेनिस फैमिली' नाम से जाना जाता है, क्योंकि किरण ने पंजाब के लिए जयपत्र प्राप्त किया, स्टेट उपाधि, जोनल टाइटल्स प्राप्त किये।

9 मार्च 1972 को उनका विवाह बृज बेदी से हुआ। किरण ने 2 वर्षों तक अमृतसर के महिला खालसा कॉलेज में अध्यापन कार्य किया, फिर 1972 में भारतीय पुलिस सेवा में उनका चयन हो गया।

उनकी पहली पोस्टिंग 'चीफ ऑफ ट्रैफिक पुलिस' पद पर हुई। बहुत ही ईमानदारी और लगन से उन्होंने अपनी जिम्मेदारी निभायी। बड़े शहरों में ट्रैफिक एक बड़ी समस्या होती है। किरण ने पार्किंग व्यवस्था में सुधार किया। गलत जगहों पर गाड़ियाँ पार्क करने वालों की गाड़ियाँ वह क्रेन से उठवाकर शहर के बाहर रखवा देती थीं। लोग बहुत जल्दी सम्भल गये मजे की बात तो यह है कि उसके बाद लोग उन्हें किरण के स्थान पर 'क्रेंन बेदी' पुकारने लगे। उसके बाद वह मादक पदार्थ उन्मूलन विभाग की प्रमुख बनीं। मादक पदार्थों के सेवन पर रोक लगाने के लिए संस्थान स्थापित की, जहाँ उन्होंने जीवन को चैन से जीने का अवसर उपलब्ध कराया।

1993 में किरण कारागृह की इंस्पेक्टर जनरल बनायी गयीं। यहाँ उन्होंने वह कारनामा अंजाम दिया, जिसने उनका नाम रोशन कर दिया। यह कारनामा था, अपराधी कैदियों को सभ्य और अच्छा इनसान बनाने का। तिहाड़ जेल में आठ हजार कैदी थे। उन्होंने उसे जेल के स्थान पर 'सुधार घर' बना डाला। ऐसा 'सुधार घर' जहाँ अपराध करने वालों को सुधार की शिक्षा दी गयी। सबेरे से उठकर कैदी अब पहले प्रार्थना करते हैं और फिर काम करते हैं। वह न लड़ते हैं, न शोर मचाते हैं। उन्हें अन्य सभी सुविधाएँ उपलब्ध करायी गयी हैं, जो एक स्वतन्त्र व्यक्ति को प्राप्त होती हैं। 12 अगस्त 1994 के ऐतिहासिक दिन जेल को खुला रखा गया ताकि रक्षा–बन्धन के शुभ अवसर पर बहनें आकर अपने भाइयों को राखी बाँधें।

किरण बेदी की उपलब्धियाँ अनगिनत हैं। वह सद्व्यवहारी, चरित्रवान, दयालु, स्नेही तथा इनसान–दोस्त व्यक्ति हैं। उनमें विलक्षण प्रशासकीय प्रतिभा है। वह संघर्ष और निश्चय का सर्वोतम उदाहरण हैं।

किरण का विश्वास है कि, 'जीवन के प्रति उनके दृष्टिकोण और नीतियों का विकास, टेनिस के माध्यम से हुआ। इस खेल ने उन्हें वह अनुभव दिया, जो कोई पुस्तक नहीं दे सकती थी। टेनिस ने उन्हें परिश्रम की कीमत से अवगत कराया तथा मानसिक और शारीरिक रूप से मजबूत होने की आवश्यकता से परिचित कराया।' वह मानती हैं कि 'दृढ़ इच्छा–शक्ति और कड़ी मेहनत से असम्भव काम को भी सम्भव बनाया जा सकता है।'

सरकार ने उनकी वरीयता का ध्यान न रखते हुए उन्हें वांछित प्रमोशन न दिया, अतः उन्होंने अपने पद से त्यागपत्र दे दिया। अब वे स्वतन्त्र रूप से महिलाओं के उत्पीड़न के विरुद्ध जागरूकता पैदा करने का कार्य कर रही हैं। टी.वी. पर भी एक कार्यक्रम 'किरण की अदालत' के माध्यम से वे महिलाओं की पारिवारिक समस्याओं का निदान करने का प्रयत्न करती हैं। उनका जीवन समाजसेवा का एक उत्कृष्ट उदाहरण है।

17

सुचेता कृपलानी

भारत के किसी राज्य की पहली महिला मुख्यमन्त्री

1908 में जन्मीं सुचेता कृपलानी किसी भी भारतीय राज्य की मुख्यमन्त्री बनने वाली प्रथम महिला थीं। उनका जन्म हरियाणा प्रान्त के अम्बाला में एक बंगाली परिवार में हुआ। दिल्ली के इन्द्रप्रस्थ कॉलेज एवं सेण्ट स्टीफन कॉलेज में शिक्षा प्राप्त करने के पश्चात् उन्होंने बनारस हिन्दू विश्वविद्यालय में प्रवक्ता पद पर कार्य करना प्रारम्भ किया।

1936 में उनका विवाह भारत में समाजवादी विचारधारा के प्रमुख प्रवर्तकों में से एक आचार्य कृपलानी के साथ हुआ और इस प्रकार वे भारतीय राष्ट्रीय काँग्रेस से जुड़ीं। अपनी समकालीन अरुणा आसफ अली एवं ऊषा मेहता की ही तरह उन्होंने 'भारत छोड़ो आन्दोलन' में बढ़–चढ़ कर हिस्सा लिया।

स्वाधीनता–प्राप्ति के पश्चात् भी वे उत्तर–प्रदेश की राजनीति में सक्रिय रहीं। 1952 तथा 1957 में वे लोकसभा की सदस्य चुनी गयीं एवं उन्होंने लघु उद्योग विभाग के मन्त्री के रूप में कार्य किया। 1962 में वे कानपुर से विधानसभा की सदस्य निर्वाचित हुईं एवं उत्तर–प्रदेश मन्त्रिमण्डल की सदस्य रहीं।

1963 में वे उत्तर–प्रदेश की मुख्यमन्त्री चुनी गयीं। 1971 में उन्होंने राजनीति से संन्यास ले लिया एवं तदुपरान्त जीवनपर्यन्त राजनीति से अलग–थलग रहीं। उनकी मृत्यु 1974 में हुईं।

18

आनन्दी बाई जोशी

प्रथम महिला डॉक्टर

आनन्दी बाई का जन्म 31 मार्च 1865 को कल्याण, मुम्बई में हुआ। उनका बचपन का नाम यमुना था। वह नौ वर्ष की थीं, जब उनका विवाह गोपाल राव जोशी से हुआ। जोशी पोस्ट ऑफिस में क्लर्क थे। ससुराल में उन्हें नया नाम 'आनन्दी बाई' मिला।

उस समय भारत में बाल–विवाह, सती–प्रथा तथा निरक्षरता जैसी बुराइयाँ फैली हुई थीं। गोपाल राव ने आनन्दी को शिक्षा देने का मन बनाया। पहले उन्हें आरम्भिक शिक्षा दिलायी, पर 14 वर्ष की आयु में आनन्दी माँ बन गयीं। दुर्भाग्य से सन्तान जीवित न रह सकी, तो गोपाल राव को विचार आया कि महिला डॉक्टरों के न होने से प्रतिवर्ष जाने कितनी महिलाओं को यह दुख उठाना पड़ता होगा। उन्होंने आनन्दी को डॉक्टर बनाने का निश्चय कर लिया।

उन दिनों राजा राममोहन राय सतीप्रथा बन्द कराने और ज्योतिबा, सावित्री फुले तथा माधव गोविन्द रानाडे नारी शिक्षा के प्रचार–प्रसार में जुटे थे। फिर भी किसी महिला का विद्यालय जाना समाज में निन्दनीय समझा जाता था।

गोपाल राव ने प्रयत्न करके मुम्बई स्थानान्तरण करा लिया तथा आनन्दी को एक मिशन स्कूल में दाखिल करा दिया। वह आनन्दी को अमरीका भेजना चाहते थे। उन्होंने इसके लिए पत्र–व्यवहार भी आरम्भ कर दिया था।

आनन्दी बाई की शिक्षा के लिए जितना पैसा दरकार था, वह गोपाल राव के पास नहीं था। इस कारण एक बार तो वह ईसाई धर्म को स्वीकार करने को तैयार हो गये, पर आनन्दी बाई ईसाई धर्म की अच्छाइओं को स्वीकार करते हुए भी हिन्दू धर्म त्यागना नहीं चाहती थीं, इसलिए गोपालराव ने इस विचार को त्याग दिया।

गोपालराव का एक लेख अमेरिकन क्रिश्चियन रिव्यू (American Christian Review) में प्रकाशित हुआ, जिसे पढ़ एक अमरीकन महिला थिओडोसिया कारपेण्टर ने आनन्दी बाई को पत्र लिखा। 1881 से 1883 के मध्य उनमें पत्र–व्यवहार चला। वह स्वयं को आनन्दी बाई की अमरीकन बहन कहतीं, तो आनन्दी बाई उन्हें 'अमरीकन सहेली' कहकर सम्बोधित करतीं। दोनों के मध्य अपने–अपने देश की संस्कृति और इतिहास पर बातें होतीं। आनन्दी बाई, भारत के त्योहारों, भारत के पकवानों की जानकारी देतीं। गोमाता की महिमा और गोबर की उपयोगिता का ज्ञान करातीं। कारपेण्टर उन्हें अमरीकन समाज से परिचित करातीं।

आर्थिक संकट दूर नहीं हुआ, तो गोपाल राव ने आनन्दी को अकेले ही अमरीका भेजने की तैयारी शुरू कर दी। आरम्भ में सब तरफ से विरोध हुआ। समुद्र पार जाना, वह भी पति के बिना! यह बात लोगों के गले नहीं उतरती थी। अन्ततः आनन्दी की लगन और गोपालराव के निश्चय के आगे सबने हार मान ली। 7 अप्रैल 1833 को आनन्दी ने कलकत्ता से स्टीमर द्वारा विदेश के लिए प्रस्थान किया। जाते समय उन्होंने कहा, 'मैं हिन्दू जा रही हूँ, हिन्दू ही लौटूँगी।'

कारपेण्टर और उसके परिवार के सदस्यों ने आनन्दी का स्वागत किया। अपने घर में रहने की व्यवस्था की। उनको पेनसिलवेनिया के वीमेंस मेडिकल कॉलेज में प्रवेश दिलाया, जहाँ आनन्दी को स्कॉलरशिप मिलने लगी। वह महाराष्ट्रीय साड़ी पहनतीं और शाकाहारी भोजन करतीं और पूरी तरह अपनी संस्कृति का पालन करतीं। कारपेण्टर उसकी मित्र भी थीं, मार्गदर्शक भी। वह आनन्दी की बुद्धिमत्ता से बहुत प्रभावित थीं।

आनन्दी को गोपालराव की बहुत चिन्ता रहती थी। उनका स्वास्थ्य भी खराब रहने लगा था, पर वह मन लगाकर पढ़ाई करती रहीं। 1886 में आनन्दी ने परीक्षा दी और 11 मार्च 1886 को डॉक्टर बन गयीं।

गोपालराव के आनन्द का पारावार न रहा। आनन्दी को कोल्हापुर के अल्बर्ट एडवर्ड अस्पताल में इंचार्जशिप का प्रस्ताव दिया गया। आनन्दी अपने देश वापस पहुँचने को व्याकुल थीं, पर होनी को कुछ और ही मंजूर था। आनन्दी के भाग्य में कुछ और लिखा था। आनन्दी जो भारतीय महिलाओं की मसीहा बनना चाहती थीं,

स्वयं टी.बी. का शिकार हो गयीं।

अक्टूबर 1886 में वह भारत के लिए रवाना हुईं। मुम्बई में पहुँचने पर उनका भव्य स्वागत हुआ। उन्होंने अपना काम शुरू किया, पर मात्र 22 वर्ष की आयु में 26 जनवरी 1887 को वह इस संसार से चली गयीं।

आनन्दी बाई को मृत्यु ने अवसर नहीं दिया। अन्यथा वह महिलाओं की स्वास्थ्य–रक्षा में महत्त्वपूर्ण भूमिका निभातीं, पर दूसरे रूप में उनका योगदान कम नहीं है। अर्थात् उनके जीवन से प्रेरणा लेकर महिलाओं ने उच्चशिक्षा ग्रहण करना आरम्भ किया और देश प्रगति–पथ पर आगे बढ़ा।

19

सरोजिनी नायडू

किसी भारतीय राज्य की पहली महिला गर्वनर

स्वतन्त्रता सेनानी सरोजिनी नायडू स्वतन्त्र भरत की प्रथम महिला राज्यपाल हैं। उत्तर–प्रदेश की राज्यपाल बन कर उन्होंने अत्यन्त कुशलता से अपनी जिम्मेदारी निभायी। आज आधुनिक भारत में महिलाएँ न केवल राज्यपाल, मुख्यमन्त्री, प्रधानमन्त्री, अपितु प्रथम नागरिक पद की शोभा बढ़ा रही हैं।

सरोजिनी नायडू का जन्म 13 फरवरी 1871 को हैदराबाद में प्रसिद्ध वैज्ञानिक रघुनाथ चट्टोपाध्याय के यहाँ हुआ। सरोजिनी नायडू ने मद्रास युनिवर्सिटी से मैट्रिक पास किया, फिर 1895 में उच्चशिक्षा के लिए इंग्लैण्ड गयीं। वहाँ किंग्स कॉलेज लन्दन और गिरटन कॉलेज कैम्ब्रिज में पढ़ाई की।

सरोजिनी साहित्यिक रुचि रखती थीं। जब वह 13 वर्ष की थीं, तब उन्होंने 1300 पंक्तियों की एक कविता लिखी थी। गोपालकृष्ण गोखले जी से वह बहुत प्रभावित थीं। गोखले जी ने भी उनकी प्रतिभा को पहचाना तथा उन्हें भारतीय राजनीति में आने के लिए प्रेरित किया। उन्होंने सरोजिनी से कहा, 'अपने सपने, अपने

विचार और अपना जीवन सब कुछ भारत माता के नाम कर दो। सोये हुए भारत को जगाओ। इस देश से निराशा के अन्धकार को दूर करके आशा का सन्देश देना ही तुम्हारी काव्य–प्रतिभा का उच्चांक होगा।'

सरोजिनी ने उनकी आज्ञा को सिर–आँखों पर लिया और राजनीति में आ गयीं। सन् 1918 में उनकी भेंट गाँधी जी से हुई, तो उन्होंने सत्याग्रह में सम्मिलित होने का निर्णय ले लिया और बढ़–चढ़ कर काम करने लगीं।

1919 में 'माण्टेग्यू–चेम्सफोर्ड सुधार' में जब महिलाओं को किसी प्रकार के अधिकार देने की घोषण नहीं हुई, तो सरोजिनी ने 800 महिलाओं के हस्ताक्षरों के साथ शासन को ज्ञापन दिया।

1921 में वह महिलाओं को मताधिकार दिलाने में सफल हुईं।

सरोजिनी ने रोलैट–एक्ट के विरुद्ध प्रदर्शन किया। इसमें भी उन्होंने महिलाओं को साथ लिया था।

1921 में लन्दन में किंग्सले हॉल में जलियावाला बाग में माण्ट्रियल कानून लागू करने के दौरान महिलाओं पर हुए अत्याचार के विरोध में उन्होंने भाषण दिया।

1921 में प्रिंस ऑफ वेल्स के भारत–आगमन पर हुए दंगों में, निर्दोषों पर हुए अत्याचारों के विरोध में सरोजिनी ने अपना 'कैसर–ए–हिन्द' का खिताब वापस कर दिया।

1922 में जब गाँधीजी जेल जाने लगे, तो सरोजिनी नायडू को अपनी गैर–हाजिरी में नेतृत्व के लिए चुना। उन्होंने कहा, 'तुम्हारे हाथों में भारत की एकता का काम पूर्ण विश्वास के साथ सौंपता हूँ।'

1931 में सरोजिनी नायडू दक्षिण अफ्रीका में राउण्ड टेबल कांफ्रेंस में सम्मिलित हुईं।

1942 में 'भारत छोड़ो आन्दोलन' में महत्त्वपूर्ण भूमिका निभायी।

सरोजिनी नायडू को 'भारत कोकिला के नाम से जाना जाता हैं। 2 मार्च 1949 को सरोजिनी नायडू का निधन हुआ।

20

इन्दिरा गाँधी

भारत की पहली एवं एकमात्र महिला प्रधानमन्त्री

प्रसिद्ध विधिवेत्ता मोतीलाल नेहरू की पौत्री, प्रधानमन्त्री जवाहरलाल नेहरू की पुत्री, होनहार नेता फिरोज गाँधी की पत्नी और प्रधानमन्त्री श्री राजीव गाँधी की माता श्रीमती इन्दिरा गाँधी स्वयं भारत की प्रथम और अब तक की एक मात्र महिला प्रधानमन्त्री हैं। वह चाहे चाँदी का चमचा मुँह में लेकर पैदा हुई हों, उनकी अपनी प्रतिभा विलक्षण थी।

इन्दिरा गाँधी का जन्म 19 नवम्बर 1917 को इलाहाबाद में हुआ था। आरम्भिक शिक्षा इलाहाबाद, दिल्ली तथा पुणे में हुई। तदुपरान्त उन्हें शान्ति–निकेतन भेजा गया। वहाँ गुरुदेव रवीन्द्रनाथ टैगोर के ओजस्वी व्यक्तिगत और रचनात्मक क्रियाकलापों के मध्य इन्दिरा में आत्मविश्वास, संवेदनशीलता, निडरता आदि का विकास हुआ। वहाँ उन्होंने कई विदेशी भाषाएँ सीखीं। उच्च शिक्षा के लिए उन्हें जेनेवा तथा समरविल कॉलेज, ऑक्सफोर्ड में भेजा गया।

1942 में इन्दिरा का विवाह फीरोज गाँधी से हुआ। नेहरू परिवार में सभी रातनीतिक कार्यों में संलग्न रहते थे। इन्दिरा पर भी इसका प्रभाव पड़ा। 1930 में उन्होंने पास–पड़ोस के बच्चो को लेकर 'वानर सेना' का गठन किया था। बालकों का यह संगठन उनके राजनीतिक जीवन में शुरूआत थी।

1958 में इन्दिरा गाँधी केन्द्रीय बोर्ड की सदस्या और

1959 में काँग्रेस अध्यक्ष बनकर सक्रिय राजनीति में आ गयीं। लाल बहादुर शास्त्री के मन्त्रिमण्डल में वह सूचना एवं प्रसारण मन्त्री बनीं तथा उनकी मृत्यु के पश्चात् 1966 में भारत की प्रथम महिला प्रधानमन्त्री बन गयीं।

1971 में भारत–पाक युद्ध के पश्चात् 'बंगला देश' का उदय हुआ और विश्वभर में इन्दिरा गाँधी की प्रतिभा और चातुर्य की प्रशंसा होने लगी। 1971 के एक विश्व सर्वेक्षण में उन्हें 'Most Admired Women' का खिताब भी मिला।

25 जून 1975 को आपातकाल लागू हुआ। 19 महीने के बाद इसकी समाप्ति पर हालात बदल गये। 1977 के चुनाव में इन्दिरा गाँधी को पराजय का मुँह देखना पड़ा.... परन्तु 1980 में फिर चुनाव हुए। इन्दिरा गाँधी जीतकर दूसरी बार प्रधानमन्त्री बन गयीं।

इन्दिरा गाँधी ने राजनीति के क्षेत्र ही में ही नहीं, विज्ञान, शिक्षा, आधुनिकीकरण के क्षेत्र में भी अपनी प्रतिभा का परिचय दिया तथा देश के विकास में भरपूर योगदान दिया। 1975 में आर्यभट्ट का प्रक्षेपण, 1982 में एशियाड खेलों का आयोजन, 1983 में क्रिकेट विश्व कप का भारत के हिस्से में आना, उनके कार्यकाल की कुछ महत्त्वपूर्ण घटनाएँ हैं।

इन्दिरा गाँधी को अनेक महत्त्वपूर्ण सम्मान प्राप्त हुए। ऑक्सफोर्ड, मास्को, कोलम्बिया (यू.एस.ए.) विश्वविद्यालयों ने उन्हें मानद डॉक्टरेट प्रदान की। 31 अक्टूबर 1984 को भारत की इस महान सुपुत्री की उनके ही अंगरक्षक द्वारा हत्या कर दी गयी।

21

राजकुमारी अमृत कौर

भारत की पहली महिला कैबिनेट मन्त्री

भारत की प्रथम महिला कैबिनेट मन्त्री राजकुमारी अमृत कौर का जन्म 2 फरवरी, 1889 को लखनऊ में हुआ। वे पंजाब के कपूरथला राजघराने के उत्तराधिकारियों में से एक, राजा सर हरनाम सिंह की पुत्री थीं।

विदेश में अपनी शिक्षा प्राप्त करने के बाद भारत लौटने पर उन्होंने भारतीय काँग्रेस की सदस्यता ग्रहण की तथा वे समाजसुधार एवं राजनीति के क्षेत्र में सक्रिय हुईं। अँग्रेजी शासन द्वारा उन्हें शिक्षा सलाहकार बोर्ड का सदस्य मनोनीत किया गया। वे प्रथम महिला थीं, जो इस बोर्ड की सदस्य बनीं। हालाँकि, बाद में 'भारत छोड़ो आन्दोलन' से जुड़ने के फलस्वरूप उन्होंने इसकी सदस्यता से इस्तीफा दे दिया।

यूनेस्को के 1945 एवं 1946 में क्रमशः लन्दन एवं पेरिस में आयोजित अधिवेशनों में उन्होंने भारतीय प्रतिनिधिमण्डल के सदस्य के रूप में भाग लिया।

स्वाधीनता–प्राप्ति के बाद वे जवाहर लाल नेहरू मन्त्रिमण्डल का हिस्सा बनीं। उन्हें स्वास्थ्यमन्त्री बनाया गया। 1950 में उन्हें 'वर्ल्ड हेल्थ असेम्बली' का अध्यक्ष भी चुना गया। वे 1957 तक भारत के स्वास्थ्य मन्त्री के पद पर रहीं।

दिल्ली में अखिल भारतीय आयुर्विज्ञान संस्थान की स्थापना उनके कार्यकाल की प्रमुख उपलब्धियों में से एक है। 1957 के पश्चात् उन्होंने हाँलाकि मन्त्रिपद छोड़ दिया, परन्तु वे 2 अक्टूबर 1964 को अपनी मृत्यु तक राज्य–सभा की सदस्य रहीं।

22

सुष्मिता सेन

पहली भारतीय 'मिस यूनिवर्स'

भारत की प्रथम मिस यूनिवर्स (Miss Universe) होने का गौरव सुष्मिता सेन को प्राप्त है। सुष्मिता ने यह खिताब 19 वर्ष की आयु में 1994 में जीता था। इस अन्तिम प्रतियोगिता में सुष्मिता के बुद्धिमतापूर्ण उत्तरों ने परीक्षकों का मन मोह लिया था।

सुष्मिता का जन्म वसन्त विहार दिल्ली में 19 नवम्बर 1975 को हुआ। मिस इण्डिया प्रतियोगिता जीतने के ख्याल ने उनमें आत्मविश्वास जगाया। वह पहले 'मिस इण्डिया' और फिर 'मिस यूनिवर्स' बनीं।

फिर वह फिल्मों में चली गयीं। यहाँ स्पर्धा बहुत है, पर सुष्मिता का कहना है 'फिल्म–इण्डस्ट्री में पाँव जमाये रखना मुश्किल काम है। पर यदि आप आत्मविश्वासी हैं, तो ग्लैमर–वर्ल्ड से तालमेल बैठाना कोई मुश्किल काम नहीं। एक्टिंग से मुझे सन्तुष्टि मिलती है और यह सन्तुष्टि ही मेरी सफलता है। मैं असफलता से नहीं डरती।'

सुष्मिता ने एक कन्या गोद ली है। उसका नाम 'रिनी' है। अविवाहित होते हुए कन्या गोद लेने के अपने निर्णय को वह बिल्कुल सही मानती हैं। उनकी इच्छा है कि जिस व्यक्ति से उनका विवाह हो, वह उनके साथ उसकी गोद ली हुई बेटी 'रिनी' को भी स्वीकार करे।

एकल मातृत्व के अनुभव के विषय में वह कहती हैं, 'सिंगल मदरहुड का अनुभव बेहद खूबसूरत है। मेरे लिए वे पल सबसे खूबसूरत होते हैं, जब मैं अपनी बेटी 'रिनी' के साथ होती हूँ। मैं उस पर किसी तरह की बन्दिश नहीं लगाती। मैं चाहती हूँ कि वह खुद पंख फैलाकर मेरे साथ आसमान में उड़े।'

23

बुला चौधरी

इंग्लिश चैनल दो बार तैरकर पार करने वाली पहली एशियाई महिला

बुला चौधरी न्यूजीलैण्ड की 'कूकस' समुद्र धुनी को तैरकर पार करने वाली प्रथम एशियाई महिला तैराक हैं। बुला विश्व की प्रथम महिला हैं, जिन्होंने सातों धुनी तैर कर पार कीं। दुनिया में कुल सात समुद्र धुनी हैं। इंग्लिश, जिब्राल्टर, त्रैने ऑन, टोराने आऊस, कैटेलीना, न्यूजीलैण्ड और श्रीलंका। 1989 में चौधरी ने डोवर से कैलासिस इंग्लिश चैनल दूसरी बार तैरकर पार किया। यह एक बड़ा कारनामा था। पानी बहुत अधिक ठण्डा था। मौसम के तेवर भी बिगड़े हुए थे। समुद्री जीवों से खतरा था, फिर भी बुला चौधरी ने अपना लक्ष्य साध्य किया।

स्पेन के जिब्राल्टर समुद्र धुनी में तैरने का अलग ही मजा था। बुला चौधरी ने नीले स्वच्छ पानी में डाल्फिन के साथ तैरते हुए अपूर्व आनन्द का अनुभव किया।

त्रैने ऑन समुद्र धुनी को पार करने में वह बहुत मगन रहीं। टोराने आऊस समुद्र ध
ुनी को पार करना सरल न था, पर अपने उत्साह और साहस के कारण वह वहाँ भी सफल रहीं।

भारतीय समय के अनुसार बुला चौधरी सबेरे सात बजे ओहाऊ आयरलैण्ड के पानी में उतरीं तथा दक्षिण दिशा में पेरान्दो द्वीप में सन्ध्या 4 बजकर 34 मिनट पर पहुँची। न्यूजीलैण्ड की इस सत्ताईस किलोमीटर लम्बी धुनी को बुला चौधरी ने 9 घण्टे 4 मिनट में पार करके रिकार्ड बना दिया। इस समुद्र धुनी को पार करने वाली एशिया की प्रथम महिला होने का गौरव प्राप्त कर अपना तथा भारत का नाम रौशन किया। श्रीलंका के पल्लस्ट्रेट (पल्क जलडमरू) को तैर कर पार करने के पश्चात् उन्हें 'सात समुद्रों की जलपरी' का खिताब मिल गया है।

दो वर्ष की आयु से बुला चौधरी ने 'हिन्द मोटर्स स्वीमिंग पूल' से तैराकी सीखने की शुरूआत की। उनके माता–पिता ने उन्हें प्रोत्साहन दिया। वह आगे बढ़ती गयीं। 8 वर्ष की आयु में बुला चौधरी ने चैन्नई की 'राष्ट्रीय तैराकी प्रतियोगिता' में भाग लिया और चौथे नम्बर पर आयीं। तदुपरान्त 'मुम्बई राष्ट्रीय तैराकी प्रतियोगिता' में भाग लिया और स्वर्ण पदक प्राप्त किया। अगले दस वर्षों तक वह 'नेशनल चैम्पियन' रहीं। फिर अन्तर्राष्ट्रीय प्रतियोगिताओं में नये रिकार्ड बनाने में जुट गयीं। 1990 में उन्हें भारत सरकार का अर्जुन अवार्ड प्राप्त हुआ।

बुला चौधरी के पति भी राष्ट्रीय स्तर के तैराक हैं। वे बुला को सतत प्रोत्साहित करते रहते हैं। इन दोनों की एकमात्र सन्तान, इनका पुत्र भी तैराकी के क्षेत्र में नाम कमाना चाहता है। जलपरी बुला चौधरी गंगा नदी अथवा पुरी के समुद्र में प्रतिदिन आठ से तेरह घण्टे तैराकी का अभ्यास करती हैं। सातों समुद्र धुनी पार करने के बाद वह विश्वकप मैराथॉन तैराकी प्रतियोगिता में भाग लेने की इच्छा रखती हैं। इस प्रतियोगिता के लिए 'भारतीय जल–तरण संघ' चुनाव करता है। बुला चौधरी अपनी पारी की प्रतीक्षा कर रही हैं।

24

आशापूर्णा देवी

पहली ज्ञानपीठ विजेता महिला लेखक

प्रतिष्ठित ज्ञानपीठ पुरस्कार जीतने वाली पहली महिला बनीं आशापूर्णा देवी का जन्म 8 फरवरी, 1909 में हुआ था। सर्वाधिक प्रसिद्ध बंगाली लेखकों में से एक आशापूर्णा की शादी कम उम्र में ही कर दी गयी थी। वे अपनी स्कूली पढ़ाई पूरी नहीं कर पायी थीं। लेकिन, घर पर रहकर ही उन्होंने बहुत–सी बंगाली पत्रिकाएँ व किताबें पढ़ डाली थीं। आशापूर्णा को उनके मजबूत महिला किरदारों के लिए जाना जाता है। साहित्य अकादमी पुरस्कार से सम्मानित उनकी प्रसिद्ध तीन पुस्तकों (प्रथम प्रतिश्रुति, स्वर्णलता व बकुल कथा) की श्रृंखला में तीन अलग–अलग पीढ़ियों की महिलाओं की जीवन–कथाओं को वर्णित किया गया है। इनमें समकालीन बंगाली समाज की महिलाओं की परस्पर विरोधी उम्मीदों को दमदार किरदारों के जरिये कागज पर उकेरा गया है।

25

मदर टेरेसा

भारत की पहली एवं एकमात्र नोबेल पुरस्कार विजेता महिला

दुखियों–पीड़ितों, गरीबों–वंचितों, रोगियों, बे–सहारों, अनाथों–उपेक्षितों की सहायिका, संरक्षिका तथा मसीहा थीं मदर टेरेसा! उन्हें राष्ट्रीय तथा अन्तर्राष्ट्रीय स्तर पर अनेकों पुरस्कार मिले हैं। इनमें शान्ति का विश्व नोबेल पुरस्कार सबसे अधिक महत्त्वपूर्ण है। इस पुरस्कार को पाने वाली वह प्रथम भारतीय महिला हैं।

मदर टेरेसा का जन्म 27 अगस्त 1910 को यूगोस्लाविया के अल्बानिया शहर में हुआ। उनका नाम रखा रखा 'एग्नेस'। उनके माता–पिता धार्मिक प्रवृत्ति के थे। जब वह छोटी थीं, तभी पिता का देहान्त हो गया। माँ मेहनत–मजदूरी करके बच्चों का पालन–पोषण करतीं। उसमें से भी थोड़ा पैसा बचाकर गरीबों की सहायता करतीं। एग्नेस आरम्भ से ही धर्म–कर्म में निष्ठा रखती थीं। 18 वर्ष की आयु में उन्होंने 'नन' बनने का निर्णय ले लिया। उनकी माँ ने विरोध नहीं किया, बल्कि कहा, 'अपना हाथ खुदा के हाथ में दे दो। वह जिस रास्ते ले जाये, उस पर चलती रहो।' एग्नेस 'नन' बन गयीं।

1928 में लोरेटो की सिस्टर्स में सम्मिलित होकर वह भारत आयीं और कोलकाता में रहकर समाजसेवा की इच्छा प्रकट की। 1929 में सेण्ट मेरी–बाई स्कूल में भूगोल की शिक्षिका और फिर वहाँ प्राचार्य बनीं। 1948 तक वह इस स्कूल से जुड़ी रहीं।

1950 में 'मिशनरीज ऑफ चैरिटी'' नाम की संस्था शुरू की तथा इसी वर्ष भारत की नागरिकता प्राप्त की। अपना

वेश छोड़कर साड़ी पहनने लगीं। हिन्दी–बंगला भाषाएँ सीखीं।

'नन' को चर्च के अधीन रहकर काम करना पड़ता है। मदर टेरेसा ने चर्च से स्वतन्त्रता के लिए प्रार्थना–पत्र दिया। इस प्रक्रिया में दस वर्ष लगे। वह स्वतन्त्र 'नन' बन गयीं। इस बीच 24 मार्च 1931 को एग्नेस का नाम सन्त टेरेसा के नाम पर बदला जा चुका था।

21 दिसम्बर 1948 को सियालदा के समीप मोती झील बस्ती में मदर टेरेसा ने स्कूल खोला। कोई सुविधा उपलब्ध नहीं थी। पर वह झुग्गी –झोंपड़ी के बच्चों को शिक्षित करना चाहती थीं। जमीन पर पतली डण्डी से अक्षर बनाकर उन्होंने शिक्षा–दान आरम्भ किया था। 1963 में 'मिशनरीज ऑफ ब्रदर्स' की नयी शाखा भी उन्होंने खोली।

'निर्मल ह्दय' की बुनियाद उन्होंने अपंगों तथा रोगियों की सेवा के लिए रखी थी। आरम्भ में उसका बहुत विरोध हुआ, पर जब मदर टेरेसा एक ऐसी औरत को सड़क से उठाकर लायी, जिसका शरीर चूहे और चींटियों ने जगह–जगह से खा लिया था, तो सबके मुँह बन्द हो गये। मदर टेरेसा ने पटना से वैद्यकीय शिक्षा प्राप्त की थी। वह स्वयं ऐसे रोगियों की देखभाल करती थीं। कोढ़ियों को लोग घर से बाहर सड़कों पर छोड़ देते थे। मदर टेरेसा ने कोलकाता से कुछ दूरी पर उनके लिए अस्पताल बनाया। वह सदैव यह प्रयत्न करती रहीं कि रोगियों, कोढ़ियों, अनाथों के लिए ऐसी जगह तलाश करनी चाहिए, जहाँ वे चैन से जी सकें और इज्जत की मौत मर सकें।

मदर टेरेसा ने मादक पदार्थ सेवन, वेश्यावृत्ति, भ्रूण–हत्या के विरुद्ध भारत ही में नहीं, विश्व में आदोन्लन चलाये और लोगों को उनके प्रति जागरूक करने का प्रयत्न किया। 1991 तक वह भारत में 168 चैरिटी होम स्थापित कर चुकी थीं।

कोलकाता और पूरे भारत के अतिरिक्त विदेशों में भी उनके काम की कद्र हुई। भारत में उन्हें पद्मश्री, भारत सुपुत्री, भारत शिरोमणि, भारतरत्न आदि कई सम्मान और पुरस्कार दिये गये।

भारत के सम्बन्ध में वह प्रायः कहा करती थीं, 'पैसे की कमी गरीबी नहीं है। गरीबी वास्तव में है प्रेम की कमी, जो मैं लोगों में बाँटना चाहती हूँ।'

10 दिसम्बर 1979 को मदर टेरेसा को नोबेल पुरस्कार प्रदान किया गया,...तब उन्होंने कहा, 'मैं गरीबों के नाम पर यह पुरस्कार स्वीकार कर रही हूँ, क्योंकि मुझे लगता है कि यह पुरस्कार देकर, वे दुनिया में गरीबों की उपस्थिति का एहसास कर रहे है।'

कोढ़ियों और रोगियों के उनके काम में देशी–विदेशी सभी सहकार्य करते थे। एक अमरीकी ने मदर टेरेसा के आश्रम में रहते हुए अपने एक पत्र में लिखा था, 'मैं जबसे मौत की इस बस्ती में आया हूँ, मुझे जिन्दगी मिल गयी है। जब मुझे इस जहन्नुम (नरक) का तर्जबा हुआ, तो मुझे जन्नत (स्वर्ग) की हकीकत मालूम हुई।'

वास्तव में यही मदर टेरेसा का मिशन था। वह स्वयं कहती थीं, 'मुझे अपने काम में सबसे बड़ी खुशी उस समय होती है, जब मैं किसी के चेहरे पर मुस्कराहट, खुशी की लहर और प्यार देखती हूँ।'

26

कोनेरू हम्पी

सबसे कम उम्र में ग्रैण्डमास्टर बनने वाली पहली महिला खिलाड़ी

कोनेरू हम्पी ना केवल सबसे कम उम्र (15 साल, 1 महीना, 27 दिन) में ग्रैण्डमास्टर बनने वाली महिला खिलाड़ी हैं, बल्कि वे 2600 ईएलओ अंकों के करीब पहुँचने वाली पहली भारतीय महिला खिलाड़ी भी हैं।

हम्पी से पहले सबसे कम उम्र में महिला ग्रैण्डमास्टर बनने का रिकार्ड विश्व की नम्बर एक खिलाड़ी जूडिथ पोल्गार के नाम था, जिसे हम्पी ने 3 महीने से तोड़ दिया। फिलहाल, विश्व की नम्बर दो महिला शतरंज खिलाड़ी हम्पी के वर्तमान में (अप्रैल 2007 तक) 2575 ईएलओ अंक हैं और वे किसी नम्बर दो खिलाड़ी (सूसेन पोल्गर) द्वारा हासिल किये गये सर्वोच्च अंकों (2577) से केवल दो अंक दूर हैं।

हम्पी के पिता और कोच अशोक (जिन्हें हाल ही में द्रोणाचार्य पुरस्कार मिला हैं) ने उन्हें यह नाम दिया था। (असल, में पहले उनका नाम हैम्पी रखा गया था, लेकिन उनके पिता ने इसे हम्पी कर दिया, क्योंकि यह ज्यादा रूसी लगता है)।

2001 में वर्ल्ड जूनियर गर्ल्स चेस चैम्पियनशिप का खिताब जीतने वाली हम्पी आने वाले सालों में महिलाओं व पुरुषों की विश्व शतरंज प्रतियोगिताओं को जीतने की इच्छा रखती हैं।

2006 में हम्पी ने महिलाओं की विश्व चैम्पियनशिप में भाग भी लिया था, लेकिन वे दूसरे दौर में बाहर हो गयीं। इससे हताश हुए बिना वे भविष्य में इसे जीतने के लिए कड़ी तैयारी कर रही हैं।

27

मादाम भीकाजी कामा

विदेश में भारतीय झण्डा फहराने वाली प्रथम महिला

मादाम भीकाजी कामा प्रथम भारतीय महिला हैं, जिन्होंने विदेश में भारतीय झण्डा फहराया। वह एक सच्ची देशभक्त थीं। उनका नारा था, 'हम भारत के लिए हैं, भारत भारतीयों के लिए है।'

मादाम कामा का जन्म एक सम्पन्न पारसी परिवार में 24 सितम्बर 1861 को हुआ। वह उच्च शिक्षा प्राप्त महिला थीं। उन्हें कई भाषाओं का ज्ञान था। बचपन से ही समाजसेवा तथा देशसेवा की इच्छा उनके मन में थी। उनका विवाह रुस्तम के.आर. कामा से हुआ, जो वकील थे। वह स्वयं समाजकार्य में रुचि रखते थे।

जो लोग भारतीय स्वतन्त्रता–प्राप्ति के लिए संघर्ष कर रहे थे, उनके कामों का ज्ञान विदेश में कराने के लिए मादाम कामा ने अथक प्रयत्न किये। 1905 में उन्होंने साप्ताहिक 'वन्दे मातरम्' निकाला। दस वर्षों तक सफलतापूर्वक यह साप्ताहिक विदेश में रहने वाले भारतीयों के मन में देशप्रेम की भावना जगाता रहा। प्रथम विश्वयुद्ध के दौरान यह बन्द हो गया।

1906 में मादाम कामा ने अमरीका का दौरा किया। वहाँ अपने भाषणों द्वारा भारतीय स्वतन्त्रता–सेनानियों द्वारा किये जा रहे प्रयत्नों से उन्हें अवगत कराया और उनकी सहानूभूति प्राप्त की। 1907 में उन्हें स्टुटगार्ड (जर्मनी) में 'विश्व समाजवादी' कांफ्रेंस में भाग लेने का अवसर मिला। उन्होंने अपने भाषण में कहा, 'भारत में अँग्रेजी शासन, भारतीयों के हित के विरुद्ध है। विश्व के स्वतन्त्रता–प्रेमियों का कर्तव्य है कि

वह विश्व की जनसंख्या के पाँचवें भाग को अँग्रेजों की गुलामी से मुक्त करायें।'

सम्मेलन में रैम्से मेकडोनाल्ड भी उपस्थित थे। उनके अतिरिक्त सबने मादाम कामा के प्रस्ताव को स्वीकृति दी। रैम्से मेकडोनाल्ड बाद में इंग्लैण्ड के प्रधानमन्त्री बने, उनका विरोध स्वाभाविक था।

स्टुटगार्ड में मादाम कामा ने प्रथम बार वह झण्डा फहराया, जो भारतीय तिरंगें का आरम्भिक रूप था। उसमें हरे, पीले और लाल रंग की पट्टियाँ थीं। ऊपर की गहरे रंग की पट्‌टी में एक कमल का फूल और सात तारे थे। पीले रंग की बीच की पट्‌टी में 'वन्दे मातरम्' लिखा हुआ था। नीचे की लाल पट्‌टी में दायीं ओर चाँद और बायीं ओर सूर्य का चित्र था। मादाम कामा ने कहा, 'यह भारत की आजादी का झण्डा है। आज इसका जन्म हुआ है। यह भारत के युवाओं के पवित्र रक्त से तैयार हुआ है। आप सब खड़े होकर इस झण्डे को सलामी दें।' और वास्तव में सब प्रतिनिधियों ने खड़े होकर भारत के राष्ट्रीय ध्वज को सलामी दी।

विदेशों में रहने वाले भारतीयों ने 'अभिनव भारत' नामक संस्था बनायी थी। इसी संस्था ने सबसे पहले यह माँग रखी थी कि 'हिन्दी भारत की राष्ट्रभाषा होनी चाहिए और देवनागरी राष्ट्रीय–लिपि।' इस संस्था ने स्वतन्त्रता–संग्राम में बढ़–चढ़ कर भाग लिया। मादाम कामा इसकी सक्रिय सदस्य थीं।

1914 में प्रथम विश्वयुद्ध आरम्भ हुआ, तो मादाम कामा भारतीयों से युद्ध में भाग न लेने की निरन्तर अपील करती रहीं, जिससे क्रुद्ध होकर फ्रांस सरकार ने उन्हें नजरबन्द कर दिया। युद्ध की समाप्ति पर उन्हें मुक्त तो कर दिया गया, पर अँग्रेज सरकार के कहने पर भारत लौटने की अनुमति नहीं मिली।

1932 में उन पर से बन्दिश हटा ली गयीं, पर किसी भी प्रकार का भाषण न करने की शर्त भी लगा दी गयी। स्वदेश लौटने की चाह में मादाम कामा ने यह शर्त स्वीकार कर ली। वह भारत लौट आयीं। 16 अगस्त 1926 को उनका देहान्त हो गया।

28

अंजू बॉबी जॉर्ज

विश्व एथलेटिक्स चैम्पियनशिप में पदक जीतने वाली पहली महिला खिलाड़ी

अंजू बॉबी जार्ज भारत की प्रथम महिला एथलीट हैं, जिन्होंने विश्वस्तर के किसी आयोजन में पदक जीता। उन्होंने पेरिस में विश्व एथलीट चैम्पियनशिप में कांस्य पदक जीतकर भारत का खाता खोला था।

अंजू के पिता के.टी. माकोस उन्हें और उनके छोटे भाई को घर के पास के मैदान में ले जाकर खेलों की तरफ आकृष्ट करते। अंजू के भाई को खेल में रुचि नहीं थी, परन्तु अंजू ने इस प्रोत्साहन का लाभ उठाया। लम्बी छलाँग लगाने का वह प्रशिक्षण लेने लगीं। उनकी माँ ग्रेस से भी उन्हें बहुत प्रोत्साहन मिला।

अंजू का जन्म केरल के चेगनेसरी में हुआ। वह चेन्नई के कस्टम विभाग में अधिकारी हैं। वहाँ उनकी मुलाकात बॉबी जार्ज से हुई जो इंजीनियर हैं। बॉबी की रुचि लम्बी कूद में थी। वह लम्बी कूद में 'राष्ट्रीय–ट्रिपल–जम्प' चैम्पियन हैं। बॉबी, प्रख्यात वॉलीबाल खिलाड़ी जिम्मी जार्ज के छोटे भाई हैं।

1980 में जिम्मी की सड़क दुर्घटना में मृत्यु हो गयीं थी। तबसे उनके पिता बहुत उदास रहते थे। एथलीट बहू अंजु को पाकर वह बहुत खुश हुए। उसे देखकर कहते हैं, 'मेरा बेटा बहू के रूप में वापस मिल गया है। जिम्मी की मौत के बाद मेरा दिल टूट गया था। लेकिन अब लगता है, बहू अंजू से, मुस्कुराने का कारण मिल गया है।'

वर्ष 2004 में हुए ओलम्पिक खेलो में अंजू ने 6.83 मीटर की छलाँग लगाने का सर्वश्रेष्ठ प्रदर्शन किया था, पर दोहा सुपर ग्रा.पी. लम्बी कूद प्रतियोगिता में 6.55 मीटर की छलाँग लगायी.... और इस कारण पाँचवाँ स्थान ही प्राप्त कर सकीं। यह अंजू जैसी एथलीट का निराशाजनक परफारमेंस है।

29

निवेदिता भसीन

पहली महिला चैक पायलट

1 जनवरी, 1990 को इण्डियन एयर लाइंस की निवेदिता भसीन विश्व नागरिक उड्डयन के इतिहास की सबसे कम उम्र की ऐसी महिला बन गयीं, जिन्होंने एक व्यावसायिक जेट विमान के कमाण्डर के रूप मे उड़ान भरी। उस समय उनकी उम्र मात्र 26 वर्ष की थी। निवेदिता का जन्म 1963 में हुआ था तथा 16 वर्ष की उम्र में उन्होंने अपना पायलट लाइसेंस प्राप्त किया। उन्होंने 1984 में इण्डियन एयरलाइंस ज्वॉइन की। वे कैप्टन सौदामिनी देशमुख की प्रथम ऐतिहासिक उड़ान के समय सहायक पायलट थीं।

30

सरला ठकराल

प्रथम महिला पायलट

1936 में लाहौर विमानतल से इक्कीस वर्षीया सरला ठकराल ने दो सीटों वाला जिप्सी एयर–क्राफ्ट उड़ाकर भारत की प्रथम पायलट होने का गौरव प्राप्त किया था।

उस काल में विमान को विज्ञान का चमत्कार समझा जाता था और उसे पुरुष ही उड़ाते थे। अडिग निश्चय और अदम्य साहस वाली सरला ने जब विमान उड़ाया, तो लोग आश्चर्यचकित रह गये। सम्पूर्ण भारत में उनके साहस की प्रशंसा हुई।

1929 में अंग्रेजी शासकों ने भारतीयों के लिए 'दिल्ली फ्लाइंग–क्लब' खोला था, जहाँ गिने–चुने युवाओं ने प्रवेश लिया। उनमें पी.डी. शर्मा भी थे, जिनसे सरला का विवाह हुआ।

विवाहोपरान्त शर्मा साहब ने सरला को पायलट बनाने का निश्चय किया। ससुराल

में सभी ने उनके निर्णय को सराहा। सरला के श्वसुर ने स्वयं जाकर सरला को फ्लाइंग–क्लब में प्रवेश दिलाया था।

तीस रुपए प्रति घण्टा के हिसाब से वह उड़ान के पाठ लेती थीं। एक हजार घण्टों के पाठ पूर्ण करने के पश्चात् उन्हें फ्लाइंग का 'ए' श्रेणी का प्रमाण–पत्र प्राप्त हुआ। इसके पश्चात् उन्हें 'बी' प्रमाण–पत्र लेना था, जिसके बाद ही वह कमर्शियल पायलट बन सकती थीं। वह जोधपुर में प्रशिक्षण लेने लगीं...पर 1939 में एक विमान–दुर्घटना में उनके पति का देहान्त हो गया। फिर द्वितीय विश्वयुद्ध छिड़ गया। जोधपुर फ्लाइंग–क्लब भी बन्द हो गया। विवश होकर उन्हें हवाबाजी के शौक को तिलांजलि देनी पड़ी। उनके माता–पिता ने पुनः उनका विवाह करा दिया और वह दिल्ली में रहने लगीं।

सरला ने फिर चित्रकला में नाम कमाया, ख्याति अर्जित की। प्रसिद्ध गैलरियों में अपने चित्रों की प्रदर्शनी लगायी। परिधान एवं आभूषण डिजाइन किये। टेक्सटाइल प्रिण्टिग भी आरम्भ की। बहुत से लोग आज भी नहीं जानते कि कभी उन्होंने विमान उड़ाया था और समाचार–पत्रों में उनके चित्र भी छपे थे।

सरला प्रायः उन दिनों की याद करती थीं, जब वह प्रशिक्षण ले रही थीं। काकपिट में बैठने तक वह चुन्नी ओढ़े रहती थीं। सीट पर बैठने के बाद चुन्नी अपनी सहायक को दे देती थीं। एक दिन राय बहादुर रूपचन्द ने, जो बाद में अमरीका में भारत के राजदूत बनकर गये, सरला के पति से कहा था, 'उससे कहो, यह निर्लज्जता छोड़ दे और विमान उड़ाते समय चुन्नी न उतारा करे।'

सरला कहती थीं, उसके बाद वह चुन्नी को ओढ़–लपेट कर ही विमान में चालक की सीट पर बैठती थीं।

31

करनम मल्लेश्वरी

भारत की पहली महिला ओलम्पिक पदक विजेता

करनम मल्लेश्वरी ओलम्पिक खेलों में पदक प्राप्त करने वाली भारत की प्रथम महिला खिलाड़ी हैं। मल्लेश्वरी का जन्म आन्ध्र–प्रदेश के वोसानी पेट (श्री काकुलम) जिले के अम्दला विलासा गाँव में एक जून 1975 को हुआ। यह गाँव अब मल्लेश्वरी के कारण 'वेट लिफ्टिंग की राजधानी' कहलाता है।

इनकी चार बहनें– नरसम्मा, कृष्णकुमारी, कल्याणी और माधवी हैं। एक भाई रवींद्र कुमार है। मल्लेश्वरी छह भाई–बहनों में तीसरे नम्बर पर हैं। उनका बचपन का नाम 'मल्ली' है। उनका कद 5 फीट 2 इंच है। इनकी बहनें नरसम्मा, कृष्णकुमारी और कल्याणी भी भारोत्तोलन की राष्ट्रीय चैम्पियन हैं।

1997 में मल्लेश्वरी का विवाह हरियाणा के राजेश त्यागी से हुआ। वह सी.आर पी.एफ. में सेवारत हैं और स्वयं भी वेट–लिफ्टर हैं।

भारोत्तोलन आमतौर पर पुरुषों का खेल माना जाता है। इसीलिए 12 वर्ष की मल्लेश्वरी ने जब इस ओर अपनी रुचि दिखायी, तो उन्हें विरोध का सामना करना पड़ा। पर शनैः–शनैः सब सामान्य हो गया। उनकी माता, बड़ी बहनों तथा उनके प्रशिक्षक ने उनका साथ दिया। आन्ध्रप्रदेश खेल प्राधिकरण ने भी उनको प्रोत्साहन दिया।

बाँस के दोनों सिरों पर पत्थर बाँध कर सन्तुलन साधने से मल्लेश्वरी ने प्रैक्टिस आरम्भ की...फिर वह 'जिम' जाने लगीं। सबेरे, दोपहर, शाम वह प्रैक्टिस करती रहतीं, जिससे उनकी माँस–पेशियाँ तन जातीं और शरीर का जोड़–जोड़ दुखने लगता। वह रात–रात भर पीड़ा से तड़पती रहतीं, पर दिन निकलते ही फिर जिम पहुँच जातीं।

वे सिनेमा, शॉपिंग, शादी–ब्याह कहीं न जातीं। उन्होंने खुद को वेट–लिफ्टिंग के लिए समर्पित कर दिया था। उन्होंने क्षेत्रीय और राष्ट्रीय स्तर पर प्रतियोगिता में भाग लेना आरम्भ किया। उनमें जीतीं और पुरस्कार प्राप्त किये।

1994 में एशियाई खेलों में रजत पदक जीतने के पश्चात् मल्लेश्वरी ने कहा था, 'मेरा काम अभी खत्म नहीं हुआ है। अभी मुझे बहुत आगे जाना है, जिसके लिए मेहनत करनी होगी।' और वास्तव में दिन–रात एक करके उन्होंने ओलम्पिक प्रतियोगिता तक छलाँग लगा ली।

2000 के सिडनी ओलम्पिक्स में मल्लेश्वरी को पहले 63 किलोग्राम भार उठाने की प्रतियोगिता में सम्मिलित किया गया था। पर मल्लेश्वरी का वजन 69.90 किलोग्राम होने के कारण 'भारतीय वेट–लिफ्टिंग एसोसिएशन' ने उन्हें 69 किलोग्राम वाली प्रतियोगिता में उतारा।

इस प्रतियोगिता में भाग लेने से पहले Anti Doping Agency के अधिकारियों ने दो बार मल्लेश्वरी की जाँच की। यह जाँच इस दृष्टिकोण से की जाती है कि कहीं खिलाड़ी ने अतिरिक्त ड्रग्स लेकर आक्सीजन की संवाहक रक्तकोशिकाओं में वृद्धि तो नहीं कर ली!

साधारणतया एक खिलाड़ी की एक ही बार जाँच की जाती है। मल्लेश्वरी की जाँच दो बार की गयी, पर उनसे उपजे इस तनाव को उन्होंने अपने ऊपर हावी नहीं होने दिया और सफलतापूर्वक परीक्षण पास किया।

इस प्रतियोगिता में चीन की 66.74 किलोग्राम वजन वाली 'लिन विनिंग' को स्वर्ण, हंगरी की 67.76 किलोग्राम वजन वाली 'से–अर्ज–बीयट मारकुस' को रजत एवं भारत की 69.90 किलोग्राम वजन वाली करनम मल्लेश्वरी को कांस्य पदक प्राप्त हुए।

लिन और अर्ज दोनों ने 243.5 किलोग्राम वजन उठाया था, पर विनिंग का वजन कम होने के कारण उसे स्वर्ण पदक दिया गया। मल्लेश्वरी ने 240 किलोग्राम वजन उठाया था।

मल्लेश्वरी की इस सफलता से भारत पदक सूची में संयुक्त रूप से दूसरे 11 देशों के साथ 71 वें क्रमांक पर आ गया।

महिला भारोत्तोलन को प्रथम बार ही 2000 के ओलम्पिक खेलों में सम्मिलित किया गया था। मल्लेश्वरी को पदक मिला, तो उन्होंने कहा, 'यह बहुमान प्राप्त कर मैं बहुत खुश हूँ। ओलम्पिक खेलों में पदक प्राप्त करने वाली पहली भारतीय महिला होने के सम्मान से बड़ा और कोई सम्मान नहीं हो सकता।'

मल्लेश्वरी की इस अप्रतिम सफलता पर प्रधानमन्त्री श्री अटल बिहारी वाजपेयी ने उन्हें बधाई देते हुए कहा था, 'देश को आप पर गर्व है। यह निश्चित ही बड़ा सम्मान है और भारतीय महिलाओं के लिए उदाहरण भी। आपका प्रदर्शन देश के युवकों को भी आगे बढ़ने के लिए प्रेरित करेगा।'

मल्लेश्वरी को मिलने वाले पुरस्कारों और सम्मानों की सूची बहुत लम्बी है:

- ➢ भारत सरकार ने उन्हें 1995 में 'अर्जुन पुरस्कार', 1996 में 'राजीव गाँधी खेल–रत्न पुरस्कार' और 1996 में ही पद्मश्री प्रदान किया।
- ➢ 2000 के ओलम्पिक खेलों में भारोत्तोलन में कांस्यपदक प्राप्त करने पर मल्लेश्वरी को केन्द्रीय और क्षेत्रीय सरकार ने लाखों रुपये के पुरस्कार दिये।
- ➢ वर्ल्ड चैम्पियनशिप में मल्लेश्वरी ने 5 स्वर्ण और 6 रजत पदक प्राप्त किये।
- ➢ एशियाई चैम्पियनशिप में उन्हें 6 स्वर्ण और 10 रजत पदक प्रात हुए।
- ➢ एशियाई खेलों में एक रजत और एक कांस्य पदक उनके नाम है।
- ➢ करनम मल्लेश्वरी को 'आयरन गर्ल' कहा जाता है। इस बहादुर महिला ने सम्पूर्ण विश्व में भारत का नाम रौशन किया है।

32

शहनाज हुसैन

हर्बल केयर में गैलरीज लाफायेटे पेरिस में जगह बनाने वाली पहली एशियाई महिला

शहनाज हुसैन भारत में हर्बल केयर के क्षेत्र की निर्विवाद महारानी हैं। साथ ही, वे इस क्षेत्र की पथ–प्रदर्शक भी हैं। हर्बल केयर को इतने बड़े पैमाने पर लोकप्रिय बनाने का श्रेय शहनाज को ही जाता है।

34 साल पहले भारत की हर्बल विरासत और आयुर्वेद को भारतीय सीमा से बाहर निकालकर अन्तर्राष्ट्रीय स्तर पर प्रसिद्ध बनाने का जो सपना शहनाज ने देखा था, निःसन्देह वे उसमें सफल रही हैं।

आज वे विश्व के अपनी तरह के सबसे बड़े संगठन की मुखिया हैं, जिसमें एक अन्तर्राष्ट्रीय सैलून शृंखला के एकीकृत तन्त्र के साथ उनके हर्बल उत्पादों की विशाल

रेंज शामिल है। पिछले तीन दशकों में उन्होंने विश्वस्तर पर अपनी जबर्दस्त उपस्थिति दर्ज करायी है और अन्तर्राष्ट्रीय स्तर पर प्रसिद्ध गैलरीज लाफायेटे (पेरिस), हार्रोडस एण्ड सेल्फिजेज (लन्दन), ब्लूमिंगडेल्स (न्यूयार्क) तथा ला रिनासेण्टे (मिलान) जैसे स्टार पर उनके उत्पाद की ब्रिकी की गयी है।

यही नहीं, गैलरीज लाफायेटे में हर्बल केयर में प्रवेश पाने वाली वे पहली एशियाई हैं। वे इस स्टार की 18 फुट की शॉप विण्डों पर चित्रित होने वाली पहली एशियाई भी हैं।

इसके अलावा, अमेरिका की प्रसिद्ध पत्रिका 'सेक्सेस' के 107 सालों के इतिहास में वे इस पत्रिका द्वारा दिये गये विश्व की सबसे महान महिला उद्यमी पुरस्कार को पाने वाली पहली व एकमात्र महिला हैं।

33

कंचन चौधरी भट्टाचार्य

प्रथम महिला डी.जी.पी.

कसौली में जन्मीं एक किसान की बेटी कंचन ने एक ऐसे पेशे में अपना मुकाम बनाया जिसे आमतौर पर महिलाओं के लिए कठिन माना जाता है। फिलहाल, उत्तराखण्ड की पहली पुलिस महानिदेशक के रूप में कार्यरत कंचन किसी राज्य के ऐसे सर्वोच्च पुलिस पद पर पहुँचने वाली पहली भारतीय महिला हैं।

अपनी सेवा के शुरूआती वर्ष उत्तर–प्रदेश में, जहाँ उन्होंने सैयद मोदी हत्याकाण्ड से लेकर दंगों के मामलों तक की छानबीन की, बिताने वाली कंचन का मानना है कि पुलिस की कार्यप्रणाली बन्दूक की नली से परिभाषित नहीं होती है। हालाँकि, उनका यह सिद्धान्त कभी उनकी ड्यूटी के आड़े नहीं आया।

अपनी कठिन दिनचर्या के बावजूद भी कंचन ने समय निकालकर आस्ट्रेलिया के वूलोनगोंग विश्वविद्यालय से एम.बी.ए. की डिग्री हासिल की। कंचन का अपने कार्य के प्रति यह समर्पण और लक्ष्य पाने की उनकी इच्छाशक्ति ही प्रसिद्ध धारावाहिक 'उड़ान' के पीछे प्रेरणास्रोत थी (यह धारावाहिक उनकी बहन कविता चौधरी ने बनाया था)।

कविता चौधरी उनकी बहन हैं, जिन्होंने 90 के दशक में धारावाहिक 'उड़ान' बनाया था।

यह धारावाहिक कंचन के जीवन की अनन्त उड़ान की वास्तविक घटनाओं पर आधारित था। यह धारावाहिक, इसीलिए सबको अपने दिल के बहुत करीब लगा था।

दृढ़ निश्चयी जुझारू तथा ईमानदार कंचन चौधरी ने समाज को नयी दिशा दी है। उनकी संवेदनशीलता ने अन्याय के अन्धेरे को खत्म करेन के भरसक प्रयास किये। यहाँ तक कि डी.जी.पी. बनने के बाद भी उनके कार्यालय पर लोगों की भीड़ लगी रहती थी। वह लोगों के विश्वास को महत्त्व देती थी...उनकी शिकायतें सुनती थी और उनकी सहायता भी करती थी।

कंचन चौधरी को जनता का प्रेम और सहयोग सदैव ही मिला। जब वह मलीहाबाद में थीं, तब कुख्यात डाकू माखन सिंह का खात्मा करने में उन्हें लोगों ने बहुत सहयोग दिया। माखन सिंह दस वर्ष से पुलिस की नाक में दम किये हुए था। यही नहीं मलीहाबाद में जो 19 डाकू पकड़े गये थे, उनमें 13 मलीहाबाद पुलिस ने पकड़े थे, जिनका मार्गदर्शन कंचन चौधरी ने किया था।

इस सम्बन्ध में उनका कहना है, 'जब व्यक्ति की नीयत ठीक होती है, तो सामने वाले को पूरा सहयोग उसे मिलता है। यही कारण है कि वहाँ की जनता मेरा साथ देती रही। मैंने कहा 'हमें हिम्मत नहीं हारनी चाहिए। हमें मिलकर क्राइम पर कण्ट्रोल करना चाहिए' और जनता ने वैसा ही किया।'

कंचन के पति देव भट्टाचार्य मुम्बई में एक निजी कंम्पनी में अधिकारी थे। उनकी दो बेटियाँ हैं– कनिका और कावेरी। दोनों उच्च शिक्षित हैं। अपने पति, पुत्रियों तथा परिवार के अन्य सदस्यों के साथ हँसी–खुशी दिन गुजारते हुए कंचन प्रदेश की पुलिस को भी सम्भाला।

34

मायावती

पहली दलित महिला मुख्यमन्त्री

उत्तर–प्रदेश की वर्तमान मुख्यमन्त्री मायावती नैनाकुमारी भारत के किसी भी राज्य की पहली महिला दलित मुख्यमन्त्री हैं। 15 जनवरी, 1956 को दिल्ली में जन्म लेने वाली मायावती के पिता दिल्ली दूरसंचार विभाग में एक क्लर्क थे। मायावती ने कालिन्दी कॉलेज से अपनी ग्रेजुएशन की और बाद में दिल्ली विश्वविद्यालय में कानून की पढ़ाई की। फिर बीएड करने के बाद मायावती ने राजनीति में आने से पहले 1984 तक दिल्ली के एक स्कूल में अध्यापन कार्य किया। 1977 में बसपा के संस्थापक अध्यक्ष कांशीराम के सम्पर्क में आने के बाद मायावती ने राजनीति में रुचि लेनी शुरू की और 1984 में बसपा की स्थापना होने पर वे राजनीति से पूरी तरह जुड़ गयीं। शुरू से लेकर हाल के वर्षों तक मायावती की राजनीति दलित जाति पर ही आधारित रही। लेकिन, 2007 के उत्तर–प्रदेश विधानसभा चुनावों में उन्होंने ब्राह्मणों और दूसरी ऊँची जातियों के समर्थन से पूर्ण बहुमत हासिल करने का करिश्मा कर दिखाया। वे इससे पहले तीन बार (1995, 1997, 2002–03 में) उत्तर–प्रदेश की मुख्यमन्त्री रह चुकी हैं।

35

पी.टी. उषा

प्रथम ओलम्पिक धाविका

भारत की इस शताब्दी की महान धाविका पी.टी. उषा का जन्म केरल राज्य के कालीकट के निकट 'पायोली' गाँव में 20 मई 1964 को हुआ। इनका पूरा नाम है, 'पिलुवल्ला–काण्डी थेके पारम्पील उषा'। आज तो वह कई नामों से जानी जाती हैं। पहला नाम 'पायोली एक्सप्रेस' उन्हें उनके गाँव से मिला। फिर वह 'फ्लाइंग क्वीन' या 'उड़न परी' कहलायीं। उन्हें 'स्प्रिण्ट क्वीन' भी कहा जाता है। उन्होंने दौड़ प्रतियोगिताओं में बहुत से गोल्ड–मेडल जीते, इसलिए उन्हें 'गोल्डन गर्ल' भी कहा जाता है।

इस महान धाविका के खेल जगत में उदय से शिखर तक पहुँचने की कहानी बहुत ही रोचक है। पी.टी. उषा ने जब वह आठवीं कक्षा में थीं, तभी से दौड़ में हिस्सा लेना शुरू कर दिया था। 9 वीं में वह पहली दौड़ जीतीं। तेरह वर्ष की आयु में नेशनल रिकार्ड बनाया।

फिर 1977 से जो दौड़ना आरम्भ किया, तो 23 वर्षों तक विभिन्न प्रतियोगिताओं में दौड़ीं, विजयी हुईं और रिकार्ड बनाये। यही नहीं कई बार अपने ही बनाये रिकार्ड तोड़कर नये कीर्तिमान स्थापित किये।

पी.टी. उषा के गुरु माधवन नाम्बियार हैं। वह उनके कोच और मैनेजर हैं। दोनों ने मिलकर भारतीय ट्रैक और फील्ड स्पोर्ट्स को अन्तर्राष्ट्रीय स्थान दिलाया। श्री नाम्बियार ने केवल एक ही शिष्य पी.टी. उषा को प्रशिक्षण दिया, इसलिए उन्हें प्रथम 'द्रोणाचार्य पुरस्कार' प्रदान किया गया। पी.टी. उषा को प्राप्त पुरस्कारों की सूची बहुत लम्बी है। एक नजर इस पर भी डालते हैं।

- 1980 में कराची (पाकिस्तान) में आयोजित 'मास्को ओलम्पिक्स' में उन्हें 4 स्वर्णपदक प्राप्त हुए।
- 1982 में सियोल में आयोजित 'वर्ल्ड जूनियर मीट' में एक स्वर्ण एवं एक कांस्य पदक प्राप्त हुआ।
- 1982 में दिल्ली में आयोजित 'एशियन गेम्स' में पी.टी. उषा ने दो रजत पदक प्राप्त किये।
- 1983 में कुवैत में 'एशियन ट्रैक एण्ड फील्ड' मीट में पी.टी. उषा के हिस्से में एक स्वर्ण तथा एक रजत पदक आया।
- 1984 के ओलम्पिक खेलों में उन्हें कोई पदक नहीं मिल सका, पर ओलम्पिक में दौड़ने वाली प्रथम भारतीय महिला होने का बहुमान अवश्य प्राप्त हुआ।
- 1988 में 'सियोल एशियाई' खेलों में पी.टी. उषा को 200 मीटर, 400 मीटर, 400 मीटर बाधा, 400 मीटर रिले रेस में स्वर्ण पदक प्राप्त हुए एवं 100 मीटर रेस में रजत पदक प्राप्त हुआ।
- 1989 में 'एशियाई ट्रैक एण्ड फील्ड मीट' में 200 मीटर, 400 मीटर, 400 मीटर बाधा और 1600 मीटर रिले में उन्हें स्वर्ण पदक प्राप्त हुए।
- 1983 से 1989 के मध्य पी.टी. उषा ने कुल 13 स्वर्ण पदक अपने नाम किये।
- 1985 में उन्हें 'पद्मश्री' प्राप्त हुआ। अल्प आयु में इतना बड़ा सम्मान पाने वाली वह प्रथम महिला हैं।

पी.टी. उषा भारतीय रेलवे से सम्बद्ध हैं। 'भारतीय रेल की शान' कहलाने वाली पी.टी. उषा को विश्व का उच्चतम सम्मान भी प्राप्त हुआ है, अर्थात् 1985 में वालोमांग में सम्पन्न 'वर्ल्ड रेलवे मीट' में उन्हें 'The Best Railway Athelet in the World' का खिताब दिया गया। 2000 में पी.टी. उषा ने ट्रैक को अलविदा कह दिया।

36

कमलजीत सन्धू

एशियाड में स्वर्ण पदक जीतने वाली पहली महिला

पंजाब के फिरोजपुर में 28 अगस्त, 1948 को जन्म लेने वाली कमलजीत कूनेर (सन्धू) ने 1970 के बैंकाक एशियाड में एक नया इतिहास रचा। सन्धू ने इस खेल महाकुम्भ की 400 मीटर दौड़ प्रतिस्पर्धा में स्वर्ण पदक जीतकर ऐसी उपलब्धि हासिल करने वाली पहली भारतीय महिला होने का गौरव प्राप्त कर लिया। इस प्रतिस्पर्धा में सन्धू सर्वश्रेष्ठ खिलाड़ी नहीं थीं और ना ही किसी को उम्मीद थी कि वे पहले स्थान पर रहेंगी। इस दौड़ में सबसे पसन्दीदा खिलाड़ी ताइवान की ची चेंग थी और वह मुकाबले के दौरान सबसे आगे थी, लेकिन तभी चेंग की माँसपेशियों में खिंचाव आया और वो ट्रेक पर ही लेट गयीं। सन्धू ने तेजी से भागते हुए इजराइल की एवलिन ब्लास, जो चेंग के पीछे थी, को पछाड़ने की कोशिश की और दोनों ने 57.3 सेंकेण्ड में दौड़ पूरी की। लेकिन, जजों ने सन्धू को विजेता घोषिक किया। इस शानदार प्रदर्शन के लिए सन्धू को पद्मश्री से सम्मानित किया गया।

37

डॉ. टेसी थामस

प्रथम मिसाइल वुमेन - अग्निपुत्री

मिसाइल मैन डॉ. ए.पी जे. अब्दुल कलाम के बाद डॉ. टेसी थामस को भारत की प्रथम मिसाइल वूमेन बनने का गौरव प्राप्त हुआ है। उनका चयन DRDO (Defence Research and Development Organisation) में कार्यरत वैज्ञानिकों में से हुआ है।

डॉ. टेसी थॉमस केरल के अल्लपी से सम्बन्ध रखती हैं। जब वह केरल में स्कूल में पढ़ती थीं, तभी से उन्हें तिरुअनन्तपुरम के रॉकेट स्टेशन के बारे में जानने की बड़ी उत्सुकता रहती थी। 'अपोलो मून मिशन' ने भी उन्हें बहुत आकर्षित किया था और उनके मन में रॉकेट और मिसाइल से जुड़ने की इच्छा अँगड़ाइयाँ लेने लगी थीं।

स्कूली शिक्षा समाप्त करने के पश्चात् थ्रिसूर इंजीनियरिंग कॉलेज से उन्होंने बी, टेक. की डिग्री ली। फिर पुणे के डिफेंस इंस्टीट्यूट ऑफ एडवांस्ड टेकनालोजीज में प्रवेश लिया और गाइडेड मिसाइल सिस्टम में एम.टेक. किया।

1988 में टेसी थॉमस ने DRDO Tokbu किया। डॉ. कलाम ने उस समय जिन पाँच महिलाओं को अग्नि प्रोजेक्ट में शामिल किया, टेसी उनमें से एक थीं। वह अग्नि I, II, III तीनों से जुड़ीं और प्रगति करती गयीं।

2006 में अग्नि I का परीक्षण असफल रहा। वह बंगाल की खाड़ी में जा गिरा था। अभी तक टेसी 3000 कि.मी. रेंज के अग्नि III मिसाइल प्रोजेक्ट की असोसिएट प्रोजेक्ट–डायरेक्टर थीं, जिसका सफल परीक्षण कुछ दिन पहले ही हुआ है और जिसके लिए प्रधानमन्त्री द्वारा पूरी टीम का अभिनन्दन किया गया है। अग्नि मिसाइल प्रोजेक्ट की डाइरेक्टर बनने वाली टेसी पहली महिला हैं।

जब DRDO के चित्र 7 मई को समाचार–पत्रों में प्रकाशित हुए, तो वैज्ञानिको में एक महिला को देख कर लोगों को आश्चर्य हुआ। टेसी को पुरुष वैज्ञानिक और महिला वैज्ञानिक का भेद पसन्द नहीं है। वह कहती हैं, 'वहाँ मैं केवल वैज्ञानिक थी। महत्त्वपूर्ण बात यह है कि जिम्मेदारी वाला यह काम उसी के लिए है, जो इसे समझ सकता है। इसे पूरी तरह सम्भाल सकता है।'

टेसी के पति भी गाइडेड मिसाइल टेक्नोलोजी में मास्टर्स डिग्री रखते हैं। वह भारतीय जलसेना में कैप्टन हैं। उनका एक बेटा है, जिसका नाम देश के Light Combat Aircraft (LCA) के नाम पर थॉमस दम्पति ने 'तेजस' रखा है। टेसी, वैज्ञानिक होने के साथ–साथ एक जिम्मेदार माँ भी हैं। दूसरी माताओं की तरह ही वह सवेरे 4 बजे उठकर बेटे को ट्यूशन के लिए भेजती हैं, उसके गृहकार्य, खास तौर से भौतिक–शास्त्र की पढ़ाई में उसकी सहायता करती हैं।

28 अप्रैल को जब वह उड़ीसा के व्हीलर्स आईलैण्ड में अग्नि के परीक्षण के लिए गयीं, तब बारहवीं कक्षा का विद्यार्थी, उनका बेटा 'तेजस' ज्वर से तप रहा था। वह 28 अप्रैल से 8 मई तक वहाँ रहीं। बेटे ने कभी शिकायत नहीं की। क्योंकि वह अपनी माँ की जिम्मेदारियों को समझता था।

टेसी थामस अपने संघर्ष तथा अपनी उपलब्धियों के बारे में कहती हैं, 'मेरे यहाँ तक पहुँचने में मेरी माँ का दृढ़–निश्चय कारणीभूत था। मेरी गाइडेड मिसाइल सिस्टम की डिग्री ने भी सहायता की। फिर आरम्भ से मुझे डॉ ए.पी.जी. अब्दुल कलाम साहब के साथ काम करने का अवसर मिला। दूसरे वरिष्ठ वैज्ञानिकों ने भी मुझे प्रोत्साहन दिया। तब ही मैं कुछ कर पायी।'

1988 में महिलाओं के लिए अपने सन्देश में वह कहती हैं, 'जब मैंने DRDO ज्वाइन किया, तब वहाँ मात्र 4–5 महिलाएँ थीं, अब 250 वैज्ञानिकों में 20–30 महिलाएँ हैं, यह काफी अच्छा प्रोग्रेस है।'

38

शीतल महाजन

दक्षिण ध्रुव पर पैरा जम्पिंग करने वाली पहली महिला

पुणे के फर्गुसन कॉलेज में बीएससी की अन्तिम वर्ष की छात्रा शीतल ने जब अपने एक दोस्त को बताया कि उसका सपना है कि वह पैराशूट के जरिए विमान से छलाँग लगाये, तो उसके दोस्त ने कहा कि वह पागल है और इसमें बहुत ज्यादा खतरा है। लेकिन, शीतल ऐसा नहीं सोचती थीं।

स्क्वॉड्रन लीडर कमलसिंह ओबेराय के पैरा जम्पिंग के राष्ट्रीय रिकार्ड से प्रेरित शीतल भी कुछ ऐसा ही करना चाहती थीं और उन्होंने ऐसा किया भी।

शीतल ने उत्तरी ध्रुव पर अपनी पहली छलाँग लगाई और वे ऐसा करने वाली पहली भारतीय महिला बन गयीं। लेकिन, उनका सपना यहीं पर पूरा नहीं हो गया था और उन्हें कुछ ऐसा करना था, जो अब तक किसी ने नही किया है।

उन्होंने इसके लिए नौसेना से सम्पर्क किया, क्योंकि नौसेना के पास ही कुशल स्काई ड्राइवर की टीम है। लेकिन, नौसेना ने उन्हें मना कर दिया। फिर शीतल ने राष्ट्रपति कलाम से मुलाकात कर सहायता माँगी, जिन्होंने नौसेना से शीतल की मदद करने को कहा।

इसके बाद, 15 दिसम्बर, 2006 के दिन टाटा मोटर्स के एक कर्मचारी की इस बेटी ने साहस के इतिहास में एक नया अध्याय लिख डाला। इस दिन शीतल दक्षिण ध्रुव पर फ्री–फॉल पैरा जम्पिंग करने वाली दुनिया की पहली महिला बन गयीं।

39

कार्नेलिया सोराबजी

प्रथम महिला वकील

भारत की प्रथम महिला वकील होने का गौरव कार्नेलिया को प्राप्त है। वह पारसी परिवार में जन्मी थीं, और बाद में धर्मान्तरण कर ईसाई बन गयीं थीं।

कार्नेलिया ने एक ब्रिटिश यूनिवर्सिटी से कानून की पढ़ाई की थी। उस यूनिवर्सिटी में महिलाओं के प्रवेश पर प्रतिबन्ध था। कार्नेलिया पहली महिला थीं, जिन्होंने न केवल वहाँ प्रवेश लिया बल्कि, पढ़ाई पूरी करके वकील भी बनीं। इस प्रकार कार्नेलिया के नाम दो गौरव जाते हैं : एक पहली महिला वकील होने का, तो दूसरा गौरव महिलाओं के लिए वर्जित यूनिवर्सिटी की पहली महिला छात्रा होने का।

भारतीय और पाश्चात्य–संस्कृति से पली–बढ़ी कार्नेलिया अपने समय की सफल वकील थीं।

40

शबनम आरा बेगम

प्रथम महिला काजी

कोलकाता से 117 कि.मी. के अन्तर पर बसे नन्दीग्राम थाना इलाके की काजी शबनम आरा बेगम भारत की प्रथम महिला काजी हैं।

सरकारी कायदे के अनुसार प्रत्येक थाने में एक काजी की नियुक्ति होती है। शबनम के पिता अबुल खायब मुहम्मद काजी के पद पर काम करते थे। तब शबनम उनके सहायक के तौर पर काम करती थीं।

2003 में अब्दुल खायब मुहम्मद की मृत्यु के पश्चात शबनम ने आई.जी. ऑफ रजिस्ट्रार और पूर्वी मेदनीपुर के रजिस्ट्रार को प्रार्थना–पत्र भेजे। उनके प्रार्थना–पत्र पर विचार करके उन्हें नन्दीग्राम क्षेत्र थाने में काजी पद पर नियुक्त कर दिया गया।

उनकी नियुक्ति पर बड़ी हाय–तौबा मची कि काजी! वह भी महिला! यह कैसे हो सकता है? मुजम्मिल हुसैन नामक एक व्यक्ति ने कोर्ट में उनकी नियुक्ति को चुनौती दे दी कि इस्लामी शरीअत के हिसाब से एक महिला काजी नहीं बन सकती।

फैसला शबनम के हक में हुआ। अदालत ने कहा, 'भारत के संविधान में कहीं नहीं लिखा है कि महिला काजी नहीं बन सकती।' शबनम आरा के वकील सैफुद्दीन अहमद ने कहा, 'पहली महिला काजी को लेकर बहुत से पुरुषों को परेशानी हो रही है, लेकिन मैं समझता हूँ कि यह मुस्लिम समुदाय के लिए एक बहुत बड़ी उपलब्धि है। इससे महिलाओं को आगे बढ़ने और शिक्षित होने का हौसला बढ़ेगा। बेनजीर भुट्टो और खालिदा जिया जैसी महिलाएँ इस्लामिक राज्यों की प्रधानमन्त्री, राष्ट्रपति बन सकती हैं, तो शबनम आरा काजी क्यों नहीं बन सकतीं?' सैफुद्दीन अहमद का यह भी कहना है कि मुस्लिम लॉ किसी महिला को काजी बनने से नहीं रोकता।

शबनम की 6 बहनें हैं। इनमें से 4 का विवाह हो चुका है। उनके एक बहनोई मुजम्मिल हक, जिन्होंने शबनम को अदालत आदि के कामों से लेकर नैतिक प्रोत्साहन तक समर्थन दिया, कहते हैं, 'मेरे ससुर स्कूल अध्यापक थे लेकिन अपनी सीमित आय में उन्होंने अपनी सातों बेटियों को उच्च शिक्षा दिलायी।'

शबनम आरा की विवाहित बहनें उनकी सहायता करने को तैयार थीं, पर शबनम स्वतन्त्र पहचान बनाना चाहती थीं। वे अपने पिता की विरासत को आगे बढ़ाना चाहती थीं। अब वह नन्दीग्राम के एक नम्बर ब्लॉक में स्थित अपने कार्यालय में बैठती हैं।

यहाँ सोना चूड़ा, भंगा बेड़ा, गोकुल नगर आदि इलाकों से लोग विवाह अथवा तलाक के पंजीयन के लिए आते हैं। यहाँ की 45 प्रतिशत आबादी मुसलमानों की है। वे अब तक 150 से अधिक निकाह करा चुकी हैं। लोगों का उन पर विश्वास बढ़ता जा रहा है।

शबनम आरा अपना काम बहुत ईमानदारी से करती हैं। तलाक के मामलों में वह पति–पत्नी को विश्वास में लेकर समझौता कराने का प्रयत्न करती हैं। जब स्थिति नहीं सम्भलती तब ही तलाक करवाती हैं।

शबनम आरा के पति वकील हैं। वह शबनम को प्रोत्साहित करते हैं, उनका साथ देते हैं। शबनम आरा मुस्लिम लड़कियों की शिक्षा में बहुत रुचि लेती हैं। उनका विश्वास है कि शिक्षा से ही मुस्लिम समाज प्रगति कर सकता है।

41

जोशना चिनप्पा

ब्रिटिश स्कवॉश चैम्पियनशिप जीतने वाली पहली महिला खिलाड़ी

जोशना ने 14 साल की उम्र में ही राष्ट्रीय चैम्पियनशिप जीतकर स्कवॉश के 48 साल के इतिहास में सबसे कम उम्र में खिताबी जीत का रिकार्ड कायम कर दिया। 15 सितम्बर, 1986 को जन्मीं जोशना ने 2003 में ब्रिटिश स्कवॉश चैम्पियनशिप जीतकर एक नया इतिहास बनाया। शैफील्ड, यूके में खेली गयी इस प्रतियोगिता को जीतने वाली वे पहली भारतीय महिला खिलाड़ी बनीं।

40 करोड़ के मित्तल चैम्पियंस ट्रस्ट की पहली लाभान्वित खिलाड़ी बनी जोशना ने 10 साल की उम्र में ही अपनी प्रतिभा दिखानी शुरू कर दी थी। अच्छी कद–काठी की मालकिन जोशना जब विपक्षी खिलाड़ी की तुलना में स्ट्रोक खेलती हैं, तो वे देखने लायक होते हैं। जोशना ने मई 2002 में उस वक्त एक और इतिहास रचा, जब उनकी अगुवाई में भारतीय महिला स्कवॉश चैम्पियनशिप में उनकी टीम ने रजत पदक जीता।

42

सौम्या राघवन

सेण्ट्रल रेलवे की प्रथम महिला जी.एम.

सेण्ट्रल रेलवे भारत की पहली ऐसी रेलवे है, जिसने सबसे पहले अपने विभाग के सर्वाधिक महत्त्वपूर्ण पद पर किसी महिला की नियुक्ति की है। श्रीमती सौम्या राघवन सेण्ट्रल रेलवे की प्रथम महिला जनरल मैनेजर बन गयी हैं।

इस रेलवे का संजाल महाराष्ट्र, मध्यप्रदेश और कर्नाटक में 477 रेलवे स्टेशनों तक फैला है। इन तीनों राज्यों के करीब डेढ़ लाख कर्मचारियों में सौम्या एक हैं और अब देश के दूसरे सबसे बड़े नेटवर्क की कमान सम्भाल रही हैं।

इससे पहले सौम्या बॅगलूरु में बतौर डिवीजनल रेलवे मैनेजर के तौर पर कार्य कर चुकी हैं। अब मुम्बई के जिस ऑफिस को वह सम्भालती हैं, उसके अन्तर्गत 1336 उपनगरीय रेलें एवं 408 मेल तथा एक्सप्रेस ट्रेंने संचालित होती हैं। सौम्या अपने काम के प्रति पूरी तरह समर्पित हैं और इस जिम्मेदारी को उठाने के लिए पूरी तरह तैयार भी।

जब वह बॅगलूरु में थीं, तब उन्हें कई बार जान से मारने की धमकियाँ मिलीं। अभी भी आतंकवादी ट्रेनों को निशाना बनाने में लगे हैं, पर सौम्या को विश्वास है कि वह स्थिति को काबू में रख सकेंगी। वह कहती हैं, 'जब कोई शख्स किसी जिम्मेदारी को स्वीकार कर लेता है, तब वह आत्मविश्वास के साथ उस पर आगे बढ़ता जाता है।'

43

आबाना मिस्त्री

प्रथम तबला-वादिका

6 मई 1940 को एरच फीरोज शाह और खुर्शीद के घर आबाना का जन्म हुआ। 'आबाना' फारसी शब्द है, जिसका अर्थ है 'पानी का निशान'।

आबाना भारत की प्रथम महिला तबला–वादिका हैं। नृत्य, गायन, वादन की कलाओं से परिपूर्ण आबाना का सम्पूर्ण जीवन कला की साधना में गुजरा है।

आबाना ने 4 वर्ष की आयु से गायन की शिक्षा अपनी बड़ी बहन मेहरू बर्किंग बोक्षवाला से लेनी आरम्भ की। फिर माणिक बाई नवरोजी गामडिया गर्ल्स स्कूल में उन्हें प्रवेश दिलाया गया। इस स्कूल में संगीत और नृत्य की नियमित कक्षाएँ चलती थीं।

आबाना ने इन कक्षाओं में प्रवेश ले लिया। स्कूल में जब दूसरे छात्र कहते कि हम डॉक्टर बनेंगे, तो आबाना कहतीं, 'मैं कलाकार बनूँगी।' और वाकई वह कलाकार बनीं।

जब आबाना 5 वर्ष की थीं, तब उन्होंने दादर में पहला संगीत–कार्यक्रम प्रस्तुत किया था। फिर 1946 में छः वर्ष की आयु में एक संगीत प्रतियोगिता के बाल वर्ग में प्रथम पुरस्कार प्राप्त किया। वह पण्डित पलुसकर के शिष्य पं. बोडस से संगीत की और कुमी लकड़ावाला से नृत्य की शिक्षा लेती थीं। 13 वर्ष की हुईं, तो उन पर सितार सीखने की धुन सवार हुई। उनकी माँ खुर्शीद उन्हें पं. रविशंकर के शिष्य पं. केकी. एस. जिजिना के पास ले गयीं। पं. जिजिना ने एक लड़की को सितार सिखाने से इनकार कर दिया। खुर्शीद निराश होकर पुत्री को लेकर लौट आयीं। आबाना ने जिद पकड़ ली कि सितार सीखेंगी तो पं. जिजिना ही से सीखेंगी। खुर्शीद दूसरे दिन फिर पं. जिजिना के पास पहुँची। उन्होंने फिर इनकार कर दिया। पाँच दिन तक यही

होता रहा। अन्ततः छठे दिन उन्होंने आबाना को सितार सिखाना मंजूर कर लिया।

पं. जिजिना बहुत क्रोधी स्वभाव के थे। सबक याद न होने पर शिष्यों के सर पर तबला दे मारते थे। आबाना पर मार पड़ती, तो वह तनतनाती हुई घर लौटतीं और फिर कभी वहाँ न जाने का निश्चय करतीं, पर दूसरे दिन ही फिर पहुँच जातीं। पं. जिजिना समझ गये कि लड़की धुन की पक्की है, और फिर उस पर विशेष ध्यान देने लगे।

आबाना स्कूल में पं. बोडस से कत्थक सीख कर कत्थक कलाकार बनने का सपना देख रही थीं कि बीमार हो गयीं। उनके पेट का ऑपरेशन हुआ और डॉक्टर ने उन्हें भविष्य में नृत्य न करने की सलाह दी। आबाना का सपना टूट गया। घोर निराशा के उस दौर में पं. जिजिना ने उनकी हिम्मत बँधाई और एक नया वाद्य 'तबला' सीखने को प्रेरित किया।

तबलावादन अब तक पुरुषों का क्षेत्र माना जाता था। ऐसा समझा जाता था कि चर्म–वाद्य अधिक श्रम और अधिक रियाज की माँग करता है, जो महिलाओं द्वारा सम्भव नहीं। परन्तु कुछ ही दिनों में तबले के गणित का ज्ञान समझ कर आबाना ने इस भ्रम को दूर कर दिया। वह तबले की होकर रह गयीं।

सन् 1974 में आबाना के ग्रामोफोन रिकार्ड और कैसेट रिलीज हुए। रिकार्ड में पं. जिजिना के साथ सितार जुगल–बन्दी और कैसेट में ताल–त्रिताल की प्रस्तुति किसी भी महिला की पहली तबला प्रस्तुति थी। आबाना का नाम संगीत का जाना–माना नाम बन गया। देश भर से उन्हें निमन्त्रण मिलने लगे। बड़े–बड़े शहरों में वह एकल तबला–वादन के कार्यक्रम देने लगीं।

1983 में आबाना ने तबला और पखावज के सैद्धान्तिक पक्ष पर शोध आरम्भ किया। सभी घरानों के उस्तादों और पण्डितों ने उनकी सहायता की और 'तबला व पखावज के घराने एवं परम्पराएँ' शोध निबन्ध लिखकर अखिल भारतीय गन्धर्व महामण्डल से संगीताचार्य की उपाधि प्राप्त की। आज यह ग्रन्थ 'सन्दर्भ–ग्रन्थ' की हैसियत रखता है। इस ग्रन्थ का अँग्रेजी में अनुवाद हो चुका है। इसके अतिरिक्त आबाना के शोध–निबन्ध पत्र–पत्रिकाओं में प्रकाशित होते रहते हैं। उन्हें संगीत के मुख्य पक्षों पर व्याख्यान देने के लिए आमन्त्रित किया जाता है। आबाना ने 'पारसी समाज का संगीत क्षेत्र में योगदान' शीर्षक से अँग्रेजी में एक पुस्तक भी लिखी है।

आबाना को कई महत्त्वपूर्ण पुरस्कार और सम्मान प्राप्त हुए हैं, जैसे,

➢ संकेश्वर पीठ के शंकराचार्य ने उन्हें 'चर्मवाद्यः तबला भूषण' की उपाधि प्रदान की।

➢ सागर विश्वविद्यालय से 'संगीत सेतु' से सम्मानित हुईं।

➢ सुर–सिंगार संसद द्वारा 'तालमणि' उपाधि दी गयी।

➢ कला दर्पण, चण्डीगढ़ ने विशेष सम्मान दिया।

➢ मुम्बई में 'स्त्री–गुरु' सम्मान प्राप्त हुआ।

44

विजयलक्ष्मी पण्डित

संयुक्त राष्ट्र महासभा की पहली महिला अध्यक्ष

विजयलक्ष्मी पण्डित भारत के प्रथम प्रधानमन्त्री पण्डित जवाहरलाल नेहरू की बहन तथा संयुक्त राष्ट्र महासभा की अध्यक्ष बनने वाली प्रथम महिला थीं।

उनका जन्म 1900 में हुआ। 1921 में उनका विवाह रंजीत सीताराम पण्डित के साथ हुआ। ब्रिटिश राज के दौरान किसी कैबिनेट पद पर रहने वाली प्रथम महिला विजयलक्ष्मी पण्डित ही थीं।

1937 में उनका निर्वाचन 'यूनाइटेड प्रॉविंसेज' के विधानमण्डल में हुआ तथा उन्हें स्थानीय स्व–प्रशासन एवं जन–स्वास्थ्य विभाग में मन्त्री बनाया गया। पहले वे 1939 तक तथा बाद में 1946 से 1947 तक इस पद पर रहीं।

भारत की स्वतन्त्रता के पश्चात् वे राजनयिक सेवाओं का हिस्सा बनीं तथा उन्होंने विश्व के अनेक देशों में भारत के राजनयिक के पद पर कार्य किया। 1946 से 1968 के मध्य उन्होंने संयुक्त राष्ट्र में भारतीय प्रतिनिधिमण्डल का नेतृत्व भी किया। इस दौरान 1953 में उन्हें संयुक्त राष्ट्र महासभा का अध्यक्ष चुना गया और वे इस पद पर आसीन होने वाली विश्व की प्रथम महिला बनीं। 1962 से 1964 तक वे महाराष्ट्र के राज्यपाल के पद पर रहीं। 1979 में उन्हें संयुक्त राष्ट्र मानवाधिकार आयोग में भारत का प्रतिनिधि नियुक्त किया गया। 'द इवॉल्यूशन ऑफ इण्डिया' (1958) एवं 'द स्कोप ऑफ हैप्पीनेस–ए–पर्सनल मेमोएर' उनकी प्रमुख पुस्तकें हैं।

45

होमी व्यारवाला

प्रथम महिला फोटो जर्नलिस्ट

भारत की प्रथम फोटो जर्नलिस्ट होने का गौरव होमी व्यारवाला को प्राप्त है। उन्होंने फोटोग्राफी के दीर्घकाल में देश के सभी बड़े नेताओं तथा महान व्यक्तियों के कार्यों को अपने कैमरे में कैद किया है। स्वतन्त्र भारत के पूर्व राष्ट्रपति डॉ. राधाकृष्णन उन्हें 'प्रिंसेस' कहकर सम्बोधित करते थे।

होमी व्यारवाला नवसारी के एक पुरातनपन्थी पारसी परिवार की कन्या थीं। उन्हें पढ़ने का बचपन से शौक था। उनके बैच में मैट्रिक पास होने वाली वह एकमात्र लड़की थीं। मैट्रिक के बाद होमी ने जे.जे. स्कूल से कला का डिप्लोमा लिया। वहाँ उनकी भेंट माणिकशॉ से हुई। उन्होंने होमी को फोटोग्राफी की तरफ मोड़ दिया। बाद में इन्हीं माणिकशॉ से होमी का विवाह हुआ।

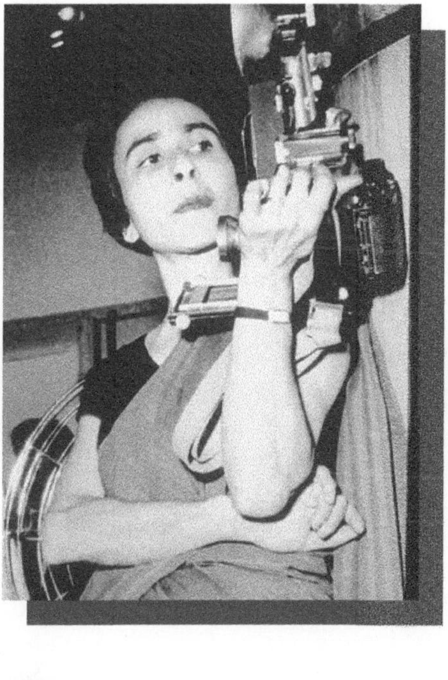

वह फोटोग्राफी की ट्रेनिंग लेने के साथ–साथ अखबारों की दुनिया की खबरें भी रचाने लगीं। धीरे–धीरे उनके खींचे हुए फोटो 'टाइम्स ऑफ इण्डिया', 'इलेस्ट्रेटेड–वीकली', 'ऑन–लुकर' आदि प्रतिष्ठित पत्रिकाओं में प्रकाशित होने लगे। फिर 'ब्लैक–स्टार' जैसी एजेंसियों के द्वारा टाइम लाइफ–मैगनीज में भी प्रकाशित हुए।

उस जमाने में होमी के पास रोली फ्लैक्स, स्पीड–ग्राफिक्स, कॉटेक्स और मामिया फ्लैक्स आदि चार कैमरे थे। फ्लैश गन शुरू नहीं हुआ था। फोटोग्राफर कृत्रिम प्रकाश उत्पन्न करने के लिए मैगनेशियम पाउडर का उपयोग करते थे। ऐसे समय में एक महिला का फोटोग्राफी करना लोगों को विचित्र लगता था। उन्हें बड़े झोले में कैमरा लादे हुए जाता देखते, तो आवाजें भी कसते कि 'क्या हजामत बनाने जा रही हो?'

होमी को अपने जीवन में बस एक घटना के चित्रीकरण न कर पाने का अफसोस है। वह घटना है, राष्ट्रपिता महात्मा गाँधी की हत्या की। उस दिन होमी वहाँ मौजूद थीं। दिन भर फोटो उतारती रही थीं, उनके पास रोल खत्म हो गये। वह रोल लेने बाहर गयी, इधर यह घटना हो गयीं। होमी के लिए यह एक नहीं दो घटनाएँ थीं। एक तो गाँधी जी की हत्या का दुख, दूसरे उस क्षण को कैमरे में कैद न कर पाने का दुख।

46

अरुणा आसफ अली

‘यूनियन जैक’ हटाकर तिरंगा फहराने वाली प्रथम महिला

‘1942 की हीरोइन’ अरुणा आसफ अली ने 9 अगस्त 1942 को मुम्बई के गोवालिया टैंक मैदान पर यूनियन जैक हटाकर भारत का तिरंगा झण्डा फहराया था। दिल्ली की प्रथम मेयर होने का गौरव भी अरुणा आसफ अली के नाम है।

अरुणा का जन्म 16 जुलाई 1909 को गांगुली परिवार में हुआ था। लाहौर और नैनीताल के क्रिश्चियन मिशन स्कूलों में उन्होंने शिक्षा ग्रहण की। वह आधुनिक विचारों की दृढ़ निश्चयी महिला थीं। उन्होंने ब्राह्मण होते हुए भी आसफ अली से विवाह किया तथा एक सफल वैवाहिक जीवन व्यतीत किया।

1930 से वह सक्रिय राजनीति में सम्मिलित हुईं। ‘सविनय कानून भंग’ आन्दोलन से इसकी शुरूआत हुई। उन्होंने खादी के वस्त्र पहनने शुरू किये और जीवन भर खादी का साथ नहीं छोड़ा। 1930 में नमक सत्याग्रह के समय ही उनका महत्त्व स्वीकार कर लिया गया था, क्योंकि दूसरी महिलाओं को 6 महीने की तथा उन्हें एक साल की सजा दी गयी। फिर गाँधी–इरविन समझौते के सब राजनैतिक कैदियों को रिहा कर दिया गया, पर अरुणा को रिहाई नहीं मिली।

दिल्ली जेल में रहते हुए अरुणा ने कैदियों के साथ होने वाले खराब

व्यवहार के खिलाफ आवाज उठायी, भूख हड़ताल की और अधिकारियो से अपनी माँगें पूरी करायीं। अरुणा की इस नेतागीरी की सजा उन्हे अम्बाला जेल भेज कर दी गयी। यही नहीं, उन्हें दूसरे कैदियों से अलग रखा गया।

1942 में अरुणा 'अगस्त क्रान्ति' की एक महत्त्वपूर्ण नेता के रूप में सामने आयीं। उन्होंने जेल जाने की अपेक्षा भूमिगत रहकर काम करना शुरू किया। अँग्रेज सरकार ने उनकी सम्पत्ति जब्त कर ली और कहा कि 'वह सामने आकर स्वयं को सरकार के हवाले कर दें, तो उनकी जायदाद वापस कर दी जायेगी।' अरुणा ने जायदाद की परवाह न करते हुए अपना काम शुरू रखा।

डॉ. लोहिया के साथ मिलकर निकलने वाले पर्चे 'इंकलाब' में उन्होंने अपनी कार्यनीति का स्पष्टीकरण कुछ इस प्रकार दिया, 'यह समय हिंसा–अंहिसा की बहस में पड़ने का नहीं है। मैं चाहती हूँ कि भारत का प्रत्येक नागरिक अपने ढंग से आजादी की लड़ाई लड़े।'

अरुणा सामने नहीं आयीं। सरकार ने उनकी गिरफ्तारी के लिए आठ हजार रुपयों के ईनाम की घोषणा की। उस समय यह बहुत बड़ी रकम थी। वारण्ट–गिरफ्तारी 9 अगस्त 1942 से 26 जनवरी 1946 तक जारी रहा, पर किसी ने उनका सुराग न दिया।

अरुणा का स्वास्थ्य खराब रहने लगा था। गाँधीजी ने उन्हें भूमिगत न रहने तथा सामने आकर काम करने का सुझाव दिया, पर अरुणा ने स्वीकार नहीं किया। 1946 में वारण्ट–गिरफ्तारी वापस ले लिये जाने पर ही वह सामने आयीं और खुल कर काम करने लगीं।

दिल्ली की एक सभा में उन्होंने जनता को सम्बोधित करते हुए कहा, 'भारत की आजादी के सम्बन्ध में इंग्लैण्ड से कोई समझौता नहीं हो सकता। भारतीय अपना अधिकार लेकर रहेंगे। हम उनसे भीख माँगने नहीं जायेंगे।'

1947 में अरुणा दिल्ली प्रदेश काँग्रेस कमेटी की अध्यक्ष बनीं और 1958 में दिल्ली की प्रथम मेयर बनीं।

1958 में 'साप्ताहिक लिंक' तथा 1962 में दैनिक 'पैट्रियाट' शुरू किये, पर बाद में अपना पूरा समय महिला व बाल कल्याण के कामों के लिए समर्पित कर दिया।

अरुणा आसफ अली के कार्यों के लिए उन्हें कई बड़े पुरस्कार प्रदान किये गये। 1965 में उन्हें अन्तर्राष्ट्रीय लेनिन पुरस्कार, 1991 में जवाहरलाल नेहरू पुरस्कार तथा 1992 में पद्मभूषण प्रदान किये गये।

16 जुलाई 1996 को अरुणा आसफ अली का निधन हुआ।

47

फ्लाइंग ऑफिसर गुंजन सक्सेना

युद्धक्षेत्र मे उड़ान भरने वाली पहली और एकमात्र महिला पायलट

जब गुंजन ने कारगिल युद्ध के दौरान गोले बरसाती तोपों के बीच ऊँची चोटियों पर अपने चीता हैलीकॉप्टर को उतारा, तो उन्होंने भारतीय सेना के एक नये साहस को परिभाषित किया।

इसके साथ ही गुंजन भारत की पहली व एकमात्र ऐसी पायलट बन गयीं, जिन्होंने युद्ध क्षेत्र में उड़ान भरी। गुंजन ने 25 अन्य लड़कियों के साथ 1994 में भारतीय वायुसेना की महिला पायलटों का पहला बैच ज्वाइन किया। 2 साल की ट्रेनिंग के बाद उनके सामने हैलीकॉप्टर या परिवहन विमान में से कोई एक चुनने का विकल्प था। गुंजन ने हैलीकॉप्टर चुना और कारगिल में महिलाओं की शौर्य गाथाओं को नये आयाम दिये। गुंजन ने कारगिल में अपनी उड़ान के दौरान एण्टी–एयरक्राफ्ट गनों व स्टिंगर मिसाइलों के खतरे के बीच कई उड़ानें भरीं और कई कार्य पूरे किये। उन्होंने बटालिक व द्रास सेक्टर में खाद्य व अन्य सामग्रियों को सैनिकों तक पहुँचाया और शहीदों व घायलों को ऊँची चोटियों से नीचे बेस तक लाने के लिए करीब 15 उड़ानें भरीं।

48

वाहिदा प्रिज्म

(सैन्य परेड का नेतृत्व करने वाली पहली महिला सैन्य अधिकारी)

जब मार्च 2006 में आर्म्ड फोर्सेज मेडिकल कॉलेज (AFMC) के सैकड़ों मेडिकल ग्रेजुएट अपनी पासिंग आउट परेड में कदम ताल मिला रहे थे, तब भारतीय सशस्त्र सेनाओं के इतिहास में एक नया अध्याय लिखा जा रहा था। इस परेड का नेतृत्व एक महिला अधिकारी सर्जन ले. कमाण्डर वाहिदा प्रिज्म ने किया और इस तरह वे देश मे किसी सैन्य परेड का नेतृत्व करने वाली पहली महिला बन गयीं। वर्तमान में AFMC के बायोकैमिस्ट्री डिपार्टमेण्ट में कार्यरत 34 वर्षीय प्रिज्म को इस परेड के नेतृत्व के लिए उनके प्रदर्शन के आधार पर 9 अफसरों में से चुना गया था।

जम्मू–कश्मीर के राजौरी जिले के थाना मण्डी गाँव से जुड़ी प्रिज्म ने जम्मू मेडिकल कॉलेज से एमबीबीएस पूरा करने के बाद 1997 में नौसना में कमीशन प्राप्त किया। उनके पिता की आतंकवादियों ने 2001 में गोली मार कर हत्या कर दी। प्रिज्म के पति सेना से रिटायर्ड मेजर हैं और एक पैथोलोजिस्ट हैं।

49

मीरा कुमार

प्रथम लोकसभा महिला अध्यक्ष

पन्द्रहवीं लोकसभा के स्पीकर पद को विभूषित करने वाली श्रीमती मीरा कुमार ने स्वतन्त्र भारत की प्रथम महिला अध्यक्ष होने का गौरव प्राप्त कर लिया है। भारतीय इतिहास की यह एक महत्त्वपूर्ण घटना है।

श्रीमती मीरा कुमार स्वतन्त्रता सेनानी तथा पूर्व उप–प्रधानमन्त्री बाबू जगजीवन राम तथा इन्द्राणी देवी की सुपुत्री हैं। उनका जन्म 31 मार्च 1945 को पटना में हुआ। जन्म के समय उनका नाम रोहिणी रखा गया था, पर बड़े भाई सुरेश कुमार के आग्रह पर उनका नाम मीरा कर दिया गया।

मीरा जी की आरम्भिक शिक्षा जयपुर के गायत्री देवी महाविद्यालय में हुई। दिल्ली विश्वविद्यालय से स्नातक परीक्षा पास की। फिर आई.एफ.एस. की परीक्षा दी और उत्तीर्ण हो गयीं। 1973 में आई.एफ.एस. ज्वाइन किया। 1973 से 1985 तक वह भारतीय विदेश सेवा में कार्यरत रहीं।

29 नवम्बर 1968 को मीरा जी का विवाह श्री मंजुल कुमार से हुआ। मंजुल कुमार वास्तव में उनके सच्चे जीवनसाथी साबित हुए। उन्होंने मीरा जी की शैक्षिक, सामाजिक तथा राजनीतिक कार्यों में रुचि को देखते हुए न केवल उन्हें प्रोत्साहन दिया अपितु पूर्ण सहयोग भी दिया।

मीरा कुमार ने एल.एल.बी. के अतिरिक्त स्पेनिश में एडवांस डिप्लोमा भी प्राप्त किया। वह जैसे कीर्तिमान स्थापित करने के लिए ही जन्मी थीं। इसीलिए जब 1985 में आई.एफ.एस. छोड़कर सक्रिय राजनीति में आयीं, तब से निरन्तर प्रगति के पथ पर बढ़ती जा रही हैं।

- 1985 में पिता बाबू जगजीवन राम तथा राजीव गाँधी की प्रेरणा से राजनीति में आयीं और आठवीं लोकसभा के लिए बिजनौर से काँग्रेस की प्रत्याशी बनीं तथा रामविलास पासवान को पराजित कर विजयी हुईं।
- 1986–87 तक मीरा कुमार विदेशी मामलों के मन्त्रालय में सलाहकार सदस्या रहीं।
- 1987–88 में लोकसभा की हाउसिंग कमेटी की सदस्या के रूप में काम किया।
- 1991–92 में अखिल भारतीय काँग्रेस कमेटी की महासचिव भी रहीं।
- मीरा कुमार 11 वीं और 12 वीं लोकसभा में नयी दिल्ली के करोल बाग क्षेत्र में सदस्य रहीं, पर 1999 में बी.जे.पी. सरकार के आने से उन्हें इससे वंचित होना पड़ा।
- 2004 और 2009 में वह पुनः अपने पिता बाबू जगजीवन राम के सासाराम (बिहार) क्षेत्र से विजयी हुईं तथा प्रधानमन्त्री श्री मनमोहन सिंह के मन्त्रिमण्डल में सामाजिक न्याय एवं अधिकारिता मन्त्री पद की अधिकारिणी बनीं...और अब लोकसभा की स्पीकर बन गयी हैं।

मीरा कुमार बहुमुखी प्रतिभा की धनी हैं। वह नृत्य, विशेषकर भरत नाट्यम में रुचि रखती हैं। वह कवियित्री भी हैं। उनकी रचनाएँ प्रायः पत्र–पत्रिकाओं की शोभा बढ़ाती रहती हैं। मीरा जी को शूटिंग का भी शौक है। विद्यार्थी जीवन में वह एन.सी.सी. की छात्रा थीं और तभी शूटिंग में उन्होंने महारत हासिल की थी।

मीरा जी गृहिणी है, माँ हैं। ममता उनमें कूट–कूट कर भरी है। 'चाइल्ड हेल्प लाइन' द्वारा वह बालकों के विकास के काम करती हैं। वह दलित महिलाओं में शिक्षा

के प्रचार–प्रसार के लिए भी वचनबद्ध हैं। वह दलितों, वंचितों, पीड़ितों की समस्याएँ दूर करने के लिए प्रयत्न करती रहती हैं।

समाज सेवा के अंकुर उनमें तभी से फूटने लगे थे, जब वह विद्या ग्रहण कर रही थीं। एक बार सूखा पड़ने पर महाविद्यालय के अन्य छात्रों, स्वयंसेवी संस्थाओं तथा जागरूक नागरिकों के साथ मिलकर सूखा–पीड़ितों को राहत पहुँचाने में तो योगदान दिया ही, एक 'फैमिली एडप्शन स्कीम' भी आरम्भ की, जिसके अन्तर्गत सूखा–पीड़ित परिवारों को सम्पन्न परिवारों द्वारा दत्तक लेने का आग्रह किया। उद्देश्य था पीड़ित परिवारों के स्वयं सक्षम होने तक उनकी सहायता करना। उनकी इस योजना ने कई परिवारों को जीने का सम्बल दिया था।

मीरा कुमार लोकसभा के स्पीकर के रूप में अब एक नयी भूमिका निभा रही हैं। निश्चित है, वह हमेशा की तरह यहाँ भी सफल होंगी।

50

शरणरानी बाकलीवाला

प्रथम सरोदवादिका

भारत की प्रथम महिला सरोदवादिका होने का श्रेय शरणरानी बाकलीवाला को प्राप्त है। उन्होंने नृत्य और संगीत से उस समय नाता जोड़ा था, जब लड़कियों का घर से बाहर निकलना अथवा संगीत या नृत्य सीखना अच्छा नहीं समझा जाता था। सरोदवादन उनका जीवन था। अनेक कीर्तिमान उनके नाम के साथ जुड़े हैं। अशोक चक्रधर के शब्दों में, 'बहुत सारे प्रथम जुड़े हैं उनके नाम के आगे। गुरु शरण ारानी प्रथम महिला थीं, जिन्होंने सरोद जैसे म र्दाना साज को सम्पूर्ण ऊँचाई दी। वह प्रथम महिला थीं जिन्हें सरोद पर डॉक्टरेट मिली। वह प्रथम महिला थीं, जिन्होंने पन्द्रहवीं शताब्दी के बाद हुए वाद्य–यन्त्रों को न केवल संग्रहीत किया बल्कि राष्ट्रीय संग्रहालय को दान भी कर दिया। वह प्रथमों में प्रथम थीं।'

वह 8 वर्ष की थीं, तब बिरजू महाराज के पिता अच्छन महाराज से कत्थक सीखने की शुरूआत की। फिर सरोद से उनका परिचय हुआ और वह उसी की होकर रह गयीं। 'सरोद' घर में उनके बड़े भाई लाये थे, अपनी पत्नी के लिए। पर उन्हें घर–गृहस्थी के कामों से ही फुर्सत नहीं मिलती थी। नन्हीं शरणरानी ने सरोद सम्भाल

लिया। एक सिक्का लिया और तार छेड़ने में लग गयीं। सरोद बहुत भारी वाद्य है। इसका सीखना बहुत कठिन है, इन सब बातों पर उन्होंने कभी ध्यान ही नहीं दिया। अपने से भारी वाद्य को बजाते देखकर लोग उस बच्ची पर हँसते थे, पर शरणरानी ने उसकी भी परवाह नहीं की।

शरणरानी का जन्म 9 अप्रैल 1929 को दिल्ली के कायस्थ माथुर परिवार में हुआ। परिवार में साहित्य–संगीत के प्रति आदर तथा प्रेम था, पर मात्र लड़कों के लिए। लड़कियों को इन सबसे दूर रखा जाता था। इन प्रतिकूल परिस्थितियों तथा अनेक कठिनाइयों का सामना करते हुए उन्होंने अपनी राह बनायी।

शरणरानी दस भाई–बहनों में सबसे छोटी थीं। माँ–पिता का देहान्त उनके बचपन में ही हो गया। उन्होंने बी.ए. किया, एम.ए. किया और संगीत–साधना भी जारी रखी। इसी बीच उनकी भेंट सुलतान सिंह बाकलीवाल से हुई और वह परिणय–सूत्र में बँध गये। सुलतान सिंह ने सदैव शरणरानी को प्रोत्साहन दिया। उन्हें आगे लाने के लिए स्वयं पीछे रह गये।

शरणरानी के गुरु बाबा अलाउद्दीन खान थे। उनके यहाँ रहते हुए शिष्यों को गाय की सानी करनी पड़ती थी, उनकी चिलम भरनी पड़ती थीं, रसोई सम्भालनी पड़ती थी और फिर दिन में दस–दस घण्टे रियाज करना पड़ता था। सम्प्रान्त परिवार की शरणरानी ने संगीत के लिए यह सब सहजता से किया। अपने गुरु के विषय में उनका कहना था, 'गुरुजी संसार का हर बाजा बजा सकते थे। वह व्यवहार में शास्त्र गढ़ते थे। उन्होंने कितने ही नये वाद्य बनाये। उनका बनाया हुआ एक सितार बैंजों मेरे पास भी है। मैहर बैण्ड भी बनाया था बाबा ने, जिसमें अनेक सुरीले वाद्यों का समन्वय था।'

अलाऊद्दीन खान की मृत्यु पर वह दौड़ी–दौड़ी गयीं थीं। श्रद्धावश जनाजे को कन्धा देना चाहती थीं, पर मन मसोस कर रह गयीं।

भारत के प्रतिष्ठित व्यक्तियों द्वारा उनका सम्मान हुआ। पं. नेहरू जी कहा करते थे कि, 'शरणरानी तो हमारी कला और संस्कृति की राजदूत हैं।'

आर.के. नारायणन द्वारा उन्हें पद्मभूषण प्राप्त हुआ। उनके नाम पर जो गैलरी 'शरणरानी बाकलीवाल गैलरी' बनी, उसका उद्घाटन श्रीमती इन्दिरा गाँधी ने किया। इसके अलावा उन्हें अनेक पुरस्कार तथा मान–सम्मान प्राप्त हुए।

शरणरानी खेद प्रकट किया करती थीं कि कला के प्रति लोगों के मन में आज वह उत्साह, वह लगन नहीं है, जो पहले हुआ करती थी। आज संगीत का रूप भी बदल गया है। 'संगीत' साधना नहीं, व्यवसाय बन गया है।

51

एम. सी. मैरीकोम

विश्व बॉक्सिंग चैम्पियनशिप में स्वर्णपदक जीतने वाली पहली महिला खिलाड़ी

अपने ही राज्य के पुरुष मुक्केबाज डिंको सिंह की सफलता से प्रेरणा पाकर बॉक्सिंग में आने वाली मागते चुंगनेइजेंग मैरीकोम मणिपुर के कांगाथेई गाँव की निवासी हैं। मैरीकोम ने अपनी रुचि और अपने परिवार की सहायता करने की इच्छा के चलते 2000 में बॉक्सिंग शुरू की।

वे जल्दी ही इस खेल की बारीकियाँ सीख गयीं और फिर उन्होंने उसी तरीके से बॉक्सिंग सीखने की इच्छा जाहिर की, जिससे लड़कों को कठिन ट्रेनिंग दी जा रही थी।

सभी उनकी इच्छाशक्ति से अचम्भित थे। कड़ी मेहनत से प्रैक्टिस करने वाली मैरीकोम की अन्तर्राष्ट्रीय स्तर पर सोना जीतने की कहानी हिसार में आयोजित दूसरी एशियाई मुक्केबाजी प्रतियोगिता से शुरू हुई। उन्होंने तीसरी एशियाई प्रतियोगिता में फिर से स्वर्णपदक जीता।

अपनी पहली एआईबीए विश्व महिला मुक्केबाजी प्रतियोगिता (2001) में केवल रजतपदक हासिल करने वाली मैरीकोम ने अगले ही साल इस प्रतियोगिता में स्वर्णपदक जीतकर एक अहम उपलब्धि हासिल कर ली। 2003 में जब उनकी सफलता के लिए उन्हें अर्जुन पुरस्कार से नवाजा गया, तो वे बॉक्सिंग के लिए यह पुरस्कार हासिल करने वाली पहली महिला बन गयी। विश्व स्तर पर सोना जीतने की उनकी कहानी अभी जारी है।

52

अमृता प्रीतम

साहित्य पुरस्कार पाने वाली पहली लेखिका

अमृता प्रीतम को पंजाब की पहली मुख्य कवयित्री, उपन्यासकार व निबन्धकार माना जाता है। अमृता का जन्म 1919 में गुजराँवाला (अब पाकिस्तान में) हुआ था और आजादी के समय वे अपने परिवार के साथ पाकिस्तान से भारत आकर बस गयीं थीं।

अमृता को उनके उपन्यास 'सुनेहे' के लिए 1956 में साहित्य अकादमी पुरस्कार दिया गया। वे इस पुरस्कार को पाने वाली पहली महिला लेखक थीं।

1982 में उन्हें 'कागज ते केनवास' के लिए ज्ञानपीठ पुरस्कार दियाा गया। अमृता को उनके साहित्यिक योगदान के लिए पद्म विभूषण से भी सम्मानित किया गया।

1961 तक ऑल इण्डिया रेडियो के लिए काम करने वाली अमृता की पहली पुस्तक उस वक्त प्रकाशित हुई, जब वे केवल 16 वर्ष की थीं। उनकी ज्यादातर कहानियों में महिलाओं की स्थिति दर्शायी गयी है। लम्बी बीमारी के बाद 31 अक्टूबर, 2005 को अमृता की मृत्यु हो गयी।

53

सन्तोष यादव

दो बार एवरेस्ट फतह करने वाली पहली भारतीय महिला

सन्तोष यादव ने 1968 से पहले न पहाड़ देखे थे, न बर्फ से ढकी पहाड़ियों को देखा था। उनके सामने तो बस बच्छेन्द्री पाल का उदाहरण था।

सन्तोष का जन्म हरियाणा के एक रूढ़िवादी परिवार में हुआ था। वह उच्चशिक्षा ग्रहण करना चाहती थीं, पर अनुमति नहीं मिली। सन्तोष ने भूख–हड़ताल की, मौनव्रत रखे...मिन्नतें कीं और अन्ततः उन्हें अनुमति मिल गयी। वे जयपुर के महारानी कॉलेज में प्रवेश लेकर पर्वतारोहण का प्रशिक्षण लेने लगीं।

1968 में वे पहली बार पर्वतारोहण के लिए गयीं। दूसरी बार मई 1992 में उन्हें अभियान दल में सम्मिलित किया गया। भारत–नेपाल पर्वतारोही इस दल में 21 सदस्य थे। यहाँ उन्हें एवरेस्ट पर दो बार चढ़ने वाली भारत की प्रथम महिला होने का गौरव प्राप्त हुआ।

1993 में उनके परिवार वालों ने विश्व–रिकार्ड बनाने पर एक कार भेंट में दी। सन्तोष इस सुखद घटना को सदैव याद करती है। सन्तोष यादव के इस कीर्तिमान को 'गिनीज बुक ऑफ वर्ल्ड रिकार्ड' में स्थान मिला है।

सन्तोष यादव को बहुत से पुरस्कार और सम्मान मिले हैं। इनमें 'महिला शिरोमणि', 'महाराणा प्रताप स्वर्ण पदक', 'राजीव गाँधी एक्सेलेंस अवार्ड', 'वीर सावरकर वीरता परस्कार', 'भारत गौरव' तथा 'राष्ट्रीय वीरता पुरस्कार' महत्त्वपूर्ण हैं।

सन्तोष यादव, भारत–तिब्बत सीमा पुलिस में कम्पनी कमाण्डर हैं।

54

उज्ज्वला पाटिल धर

नौका से विश्व का चक्कर लगाने वाली पहली भारतीय महिला

समुद्र में दुर्घटनाग्रस्त हुई अपनी नौका को देखकर उज्ज्वला और उनकी साथी गुलशन राय को लगता था कि दुनिया का चक्कर लगाने का उनका सपना कभी पूरा नहीं होगा।

10 अप्रैल, 1979 को लोकसत्ता की ट्रेनी जर्नलिस्ट उज्ज्वला ने कस्टम ऑफिसर गुलशन राय के साथ साउथ हैम्पटन (इंग्लैण्ड) से अपनी यात्रा शुरू की। लेकिन, एक महीने बाद उनकी नौका एक चट्टान से टकराकर दुर्घटनाग्रस्त हो गयी और उनका सपना भी टूट गया।

हालाँकि, दो साल बाद उन्होंने फिर से अपनी यात्रा पूरी करने की कोशिश की, लेकिन वह कोशिश भी नाकाम हो गयी। इसके बावजूद भी उज्ज्वला ने हिम्मत नहीं हारी और 1988 में अपनी तीसरी कोशिश में उन्होंने इतिहास रच डाला। एक नाव से पूरी दुनिया का चक्कर लगाने वाली वे भारत की पहली महिला बन गयीं।

इस उपलब्धि के लिए सरकार ने उन्हें पद्मश्री से सम्मानित किया। 1991 में उज्ज्वला ने अपनी यात्रा को एक किताब 'किनारा तुला पमराला' की शक्ल में प्रकाशित किया।

55

तीजन बाई

प्रथम पण्डवानी गायिका

तीजन बाई भारत की पण्डवानी गायिका ही नहीं, भारतीय लोक–संस्कृति की वाहिका, स्त्री–शक्ति की गुण–ग्राहिका हैं।

एक समय ऐसा था जब तीजन बाई को उनके समाज द्वारा पण्डवानी गाने से रोका गया। क्योंकि वे एक महिला थीं। कभी उन्हें अपनी झोपड़ी खुद खड़ी करनी पड़ती थी और भोजन के लिए पड़ोसियों पर निर्भर रहना पड़ता था... इतना ही नहीं, उनके तीनों पतियों ने उनका त्याग कर दिया, क्योंकि उनकी पण्डवानी गायकी किसी को पसन्द नहीं थी।

आज पद्मभूषण डॉ. तीजन बाई भारत की 'सास्कृतिक राजदूत' कहलाती हैं। छत्तीसगढ़ का वही पारधी कबीला जो उन्हें गाने से रोकता था, आज उन पर नाज करता है। तीजन बाई आज 'पण्डवानी क्वीन' कहलाती हैं।

तीजन बाई ने बचपन में अपने नाना बृजलाल पारधी को छत्तीसगढ़ी कवि सबलसिंह चौहान द्वारा रचित महाभारत के पद गाते सुना था। वह उन पदों और गायकी के प्रति आकर्षित हुईं और उन पदों को याद करती गयीं। यही उनका आरम्भिक प्रशिक्षण था। तदुपरान्त पण्डवानी गायकी का औपचारिक प्रशिक्षण उन्होंने उमेदसिंह देशमुख से प्राप्त किया।

तीजन बाई ने पण्डवानी की कापलिक शैली का चयन किया, जो पुरुषों तक सीमित था। पर वह अपने परिश्रम और लगन से इस शैली को सफलतापूर्वक निभा गयीं। 13 वर्ष की आयु में दुर्ग के चन्द्रखुरी में उन्होंने प्रथम बार पण्डवानी सुनायी, जिसके लिए उन्हें 10 रूपये मिले थे।

तीजन बाई पुराने दिनों का स्मरण करते हुए कहती हैं, 'आज मुझे किसी से कोई शिकायत नहीं है। पूरी दुनिया आज मुझ पर प्रेम और आशीर्वाद की वर्षा करती है.... जो मेरे कबीले के लोगों की कुछ दिनों की उपेक्षा से अधिक महत्त्वपूर्ण है।'

आज वह इस कला के प्रचार–प्रसार–प्रशिक्षण में बहुत समय देती हैं। 150 से अधिक उनके शिष्य संसार भर में हैं। उनमें रितु वर्मा, इन्दु ठाकुर, मीना साधु आदि तो बहुत लोकप्रिय हैं। तीजन बाई जब किशोरों, युवाओं के मध्य पण्डवानी गायन करती हैं, तो श्रोताओं को लोककलाओ को प्रोत्साहित करने का सन्देश देती हैं। तीजन बाई का सन्देश है, 'अपने प्रयत्नों में जान डाल दो तथा दूसरों का साथ दो, तुम अवश्य जीतोगे।'

56

हर्षिनी कान्हेकर

प्रथम महिला फायर इंजीनियर

हर्षिनी कान्हेकर भारत की प्रथम फायर इंजीनियर अथवा अग्निशमन अभियन्ता हैं। महाराष्ट्र के नागपुर का राष्ट्रीय अग्निशमन महाविद्यालय भारत का एकमात्र अग्निशमन महाविद्यालय है। हर्षिनी ने जब इसमें प्रवेश लिया, तो सबको आश्चर्य हुआ। सभी को उनकी योग्यता पर सन्देह था, पर हर्षिनी ने सबकी शंकाएँ निर्मूल कर दीं।

हर्षिनी ने महिला महाविद्यालय से स्नातक किया था, जहाँ सब लड़कियाँ थीं। तत्पश्चात् अग्निशमक महाविद्यालय में प्रवेश लिया, जहाँ सब लड़के ही लड़के थे। फिर भी वह स्वयं को समायोजित करने में सफल रहीं।

महाविद्यालय में लड़कों का छात्रावास में रहना अनिवार्य था। एकमात्र लड़की होने के कारण उन्हें घर में रहने का अवसर मिला और यही एकमात्र सुविधा उन्होंने लड़की होने की स्वीकार की अन्यथा बौद्धिक, मानसिक, यहाँ तक कि शारीरिक सामर्थ्य में वह लड़कों से पीछे नहीं रहीं। कई बार उन्होंने महाविद्यालय का प्रतिनिधित्व भी किया।

फायर–फाइटर का 3 वर्षीय पाठ्यक्रम हर्षिनी ने सफलतापूर्वक पूर्ण किया, फिर कोलकाता में 3 महीने का प्रशिक्षण लिया... फिर 2005 में दिल्ली में भी 3 महीने का प्रशिक्षण पूर्ण किया।

ONGC (Oil and Natural Gas Commission) में हर्षिनी की 'अग्निशमन तथा सुरक्षा अधिकारी' के तौर पर प्रथम नियुक्ति हुई।

हर्षिनी एक प्रतिभाशाली युवती हैं। वह जुडो–कराटे में माहिर हैं। नृत्य उनका शौक है। इसमें भी उन्हें अनेक पुरस्कार मिले हैं। वह गिटार बजाती हैं। उन्होंने चित्रकला की परीक्षाएँ भी पास की हैं तथा ऐरो मॉडलिंग में भी नाम कमाया है।

57

लीला सेठ

हाई कोर्ट की पहली महिला मुख्य न्यायाधीश

लीला सेठ भारत की प्रथम महिला मुख्य न्यायाधीश हैं। वह एक प्रतिष्ठित न्यायविद के रूप में पहचानी जाती हैं। वे लेखिका भी हैं। अपनी आत्मकथा 'ऑन बैलेंस' से उनकी लेखकीय प्रतिभा उभर कर सामने आयी है।

उनके पति प्रेमो सेठ से उन्हे जीवन में भरपूर सहयोग मिला। उनके प्रोत्साहन से ही वह जीवन में सफलता के शिखर पर पहुँची। अपनी आत्मकथा उन्होंने 18 महीने में पूर्ण की, क्योंकि वह उसे पति के जन्मदिन पर भेंट देना चाहती थीं।

उनके बड़े सुपुत्र विक्रम सेठ ख्यातिप्राप्त लेखक हैं। दूसरे पुत्र शान्तनु सेठ सामाजिक कार्यकर्ता हैं। पुत्री आराधना फिल्म निर्माण के क्षेत्र से जुड़ी हैं।

लीला सेठ एक सन्तुलित व्यक्तित्व की स्वामिनी हैं। इस सम्बन्ध उनका कहना है, 'सन्तुलन को मैंने सदैव प्राथमिकता दी। मैं जब भी कोई निर्णय लेती हूँ, तो सही–गलत के बीच सन्तुलन बैठाती हूँ। मेरा मानना है कि सन्तुलन से जीवन के मायने बदल जाते हैं।'

58

फातिमा बीवी

सुप्रीम कोर्ट में पहली महिला जज

जस्टिस एम. फातिमा बीवी का जन्म 30 अप्रैल, 1927 को पटथानमथिट्टा (केरल) में हुआ था। मीरा साहिब की बेटी फातिमा ने त्रिवेन्द्रम में यूनिवर्सिटी कॉलेज से बैचलर इन लॉ की डिग्री हासिल की। 1950 में वकील के तौर पर नामांकन हासिल करने वाली फातिमा को 1958 में केरल सब–आर्डिनेट न्यायिक सेवा में मुंसिफ के तौर पर नियुक्त किया गया। 1974 में जिला सेशन जज बनने वाली फातिमा 1984 में हाई कोर्ट की स्थायी जज बनीं। वे 1989 में हाई कोर्ट से रिटायर हुई और 1989 में ही उन्हें सुप्रीम कोर्ट की जज बनाया गया। इसके साथ ही, इस पद पर पहुँचने वाली वे पहली महिला बनीं।

59

बानूबाई कोयाजी

परिवार-नियोजन मुहिम की प्रथम प्रणेता

भारत में प्रथमतः परिवार–नियोजन मुहिम आरम्भ करने का श्रेय बानूबाई कोयाजी को जाता है। 1946 में उन्होंने गावों–गावों में यह मुहिम चलायी थी।

डॉ. बानूबाई ने ग्रामीण महिलाओं तथा युवा महिलाओं के लिए आरोग्य अभियान 1970 से आरम्भ किये। आमतौर पर यह होता था कि ग्रामीण लोग छोटी–छोटी बीमारियों के इलाज के लिए पुणे के अस्पतालों में पहुँच जाते, जहाँ खर्च भी अधिक होता था तथा समय भी बर्बाद होता था। उसी वर्ष सरकार ने ग्रामीण स्वास्थ्य–योजना आरम्भ की थी। पर अच्छी सेवा न मिलने से लोग उधर नहीं जाते थे। बानूबाई ने मुख्यमन्त्री से एक केन्द्र स्वतः चलाने के लिए माँग लिया। अनुदान वही लिया, जो दूसरे केन्द्रों को मिलना था। बानूबाई ने उस केन्द्र को इस प्रकार चलाया कि 70% से 80% ग्रामीण प्राथमिक स्वास्थ्य केन्द्र में ही स्वास्थ्य–लाभ करने लगे। 5% से 10% को बानूबाई ने स्वयं के दो अस्पतालों में भेजा और केवल 5% से 10% पुणे के अस्पताल में भेजे जाने लगे। ग्रामीणों को सुविधा मिली। पुणे के अस्पतालों में भीड़ कम हुई।

शहर की नर्सें गाँवों में आना पसन्द नहीं करती थीं। इसलिए बानूबाई ने ग्रामीण स्त्रियों को नर्सिंग का प्रशिक्षण दिया, फिर अपने के.ई.एम. अस्पताल के डॉक्टरों के लिए 6 महीने की आन्तरवासिता (Intenship) अनिवार्य

कर दी। के.ई.एम. अस्पताल एक ट्रस्ट के द्वारा चलाया जाता है और केवल गरीबों के लिए है। विदेशी संस्थाएँ इसके विस्तारीकरण के लिए आर्थिक सहायता उपलब्ध कराने को सदैव तैयार रहती हैं।

डॉ. बानूबाई कोयाजी W. H. O. की 6 वर्षों तक विज्ञान सलाहकार रहीं। इस दौरान 120 राष्ट्रों का दौरा करके, उन्होंने वहाँ की महिलाओं की स्वास्थ्य–सम्बन्ध ी योजनाओं, ग्रामीण आरोग्य, जनसंख्या–नियन्त्रण कार्यक्रमों का निरीक्षण–सर्वेक्षण किया, जिनकी वह विशेषज्ञ थीं।

बानूबाई अपने मरीजों पर बहुत ध्यान देती थीं। अति व्यस्तता में भी वह मरीजों का हाल–चाल कर अवश्य पूछती थीं। उनका कहना था कि, 'एक मिनट भी उनसे हँस कर बोल लो, तो उन्हें खुशी होती है।'

बानूबाई कोयाजी के मार्गदर्शन में के.ई.एम. अस्पताल में 30 से अधिक प्रोजेक्ट एक साथ चलते हैं। उनकी अध्यक्ष वही होती हैं और पूरी तरह सब पर उनका नियन्त्रण होता है। इन प्रोजेक्ट के लिए फोर्ड फाउण्डेशन, अमरीका, जनसंख्या–नियन्त्रण काउंसिल तथा बेलकम ट्रस्ट, ब्रिटेन जे.आर.डी. और थलेमा जे. ट्रस्ट की सहायता उन्हें मिलती है। प्रो. रामलिंगम स्वामी की अध्यक्षता में बानूबाई ने एक सलाहकार समिति भी नियुक्त कर रखी है, जिसके सभी सदस्य वैज्ञानिक हैं, जो समय–समय पर उन्हें सलाह देकर उनका काम बेहतर बनाते रहते हैं।

बानूबाई कोयाजी 7 सितम्बर 1917 में पैदा हुई थीं। वह सम्पूर्ण जीवन उसी उत्साह और लगन से काम करती रहीं, जिस उत्साह से काम की शुरूआत की थी।

वह बहुत विनोदी स्वभाव की हैं। स्वयं के कार्य और दिनचर्या के विषय में स्वयं कहती हैं, 'मेरे पास इनर्जी है। मैं कन्या राशि की हूँ। कन्या राशि वालों को स्टेनलेस–स्टील की पीठ मिलती है। मैं घोड़े की तरह मजबूत हूँ और गधे की तरह काम करती हूँ।'

ऐसा विचार और ऐसी शक्ति रखने वाली यह महिला आयु–मर्यादा बढ़ाने, बाल मृत्युदर कम करने, कुपोषण रोकने, साक्षरता प्रमाण बढ़ाने, सुरक्षित प्रजनन आदि के लिए दिन–रात काम करती हैं। एक तृतीयांश जगह महिलाओं के लिए आरक्षित होने पर ग्राम–पंचायत में काम करने के लिए महिलाओं को प्रशिक्षित करना भी उनका काम है। इन सबके लिए उन्हें छोटे–बड़े कई पुरस्कार मिल चुके हैं, जिनमें मैगासेसे पुरस्कार भी है।

60

डॉ. लक्ष्मी सहगल

महिला रेजीमेण्ट की प्रथम लेफ्टिनेण्ट कर्नल

स्वतन्त्रता सेनानी सुभाषचन्द्र बोस द्वारा गठित महिलाओं की रेजीमेण्ट, प्रथम महिला रेजीमेण्ट थी। इसका नाम 'रानी झाँसी रेजीमेण्ट' था। डॉ. लक्ष्मी स्वामीनाथन को उस रेजीमेण्ट की प्रथम लेफ्टिनेण्ट कर्नल होने का गौरव प्राप्त है। साथ ही वह आजाद हिन्द सरकार में मन्त्रिमण्डल की प्रथम महिला सदस्या थीं। वह भले ही कर्नल के पद तक पहुँची हों, लेकिन कैप्टन लक्ष्मी के नाम से ही जानी जाती हैं।

कैप्टन लक्ष्मी सहगल का जन्म 24 अक्टूबर 1914 को हुआ। उनके पिता स्वामीनाथन विधिवेत्ता तथा माता अम्मू मेनन गृहिणी थीं। वैद्यकीय विद्यालय में पढ़ाई के दौरान उनका परिचय टाटा एयर लाइंस में कार्यरत बी.के.एम. राव से हुआ और 1936 में उनसे विवाह हो गया। कैप्टन लक्ष्मी महिलाओं के विकास के लिए काम करना चाहती थीं। जबकि श्री राव उन्हें गृहिणी के रूप में ही देखना चाहते थे, अतः 6 महीने में उनका तलाक हो गया।

1938 में उन्होंने एम.बी.बी.एस. पास कर लिया। फिर वह नौकरी के लिए सिंगापुर गयीं। सन् 1943 में उनकी भेंट सुभाषचन्द्र बोस से हुई। नेता जी के देश–प्रेम की उत्कण्ठा से प्रभावित होकर, वह भी स्वतन्त्रता संग्राम में सम्मिलित हो गयीं।

एक सभा में लक्ष्मी सहगल ने 6 हजार महिलाओं को एकत्र किया, जहाँ नेता जी के भाषण से प्रभावित होकर सहस्रों महिलाएँ आजाद हिन्द सेना ने भर्ती हो गयीं। फलस्वरूप 'रानी झाँसी रेजीमेण्ट' अस्तित्व में आयी। लक्ष्मी सहगल ने सिंगापुर, मलाया और क्वालालम्पुर के दौरे करके महिलाओं को सेना में भर्ती किया।

भारत–बर्मा सरहद पर युद्ध में आजाद हिन्द सैनिकों को अनेक बार वृक्षों के पत्ते खाकर पेट की आग बुझानी पड़ी, जिससे उन्हें हैजा, मलेरिया, दस्त आदि रोग हो गये। उस समय लक्ष्मी सहगल ने डॉक्टर की हैसियत से अपने कर्तव्य की पूर्ति की। रोगियों की सेवा की तथा स्वास्थ्य–लाभ कराया।

बर्मा बार्डर पर शान स्टेट में आजाद हिन्द सेना का अस्पताल था। उस अस्पताल में नेता जी की उपस्थिति का समाचार मिलने पर दुश्मनों ने जबरदस्त बमबारी की। अस्पताल घायलों, रोगियों समेत ध्वस्त हो गया। नेता जी पहले ही निकल चुके थे। जीवित बचे सैनिक बन्दी बना लिये गये। कैप्टेन लक्ष्मी सहगल भी बन्दी बना ली गयीं। कैदियों से पूछा गया, 'क्या जापान इंग्लैण्ड से अच्छा है?' उस समय लक्ष्मी सहगल ने निर्भीकता से उत्तर दिया, 'हमें न इंग्लैण्ड से मतलब है, न जापान से। हमें आजादी चाहिए। आप क्या समझते हैं, हम जापान के गुलाम बनेंगे? नहीं...हम अपने देश में आजाद सरकार स्थापित करेंगे।'

मार्च 1941 तक डॉ. लक्ष्मी सहगल नजरबन्द रहीं। रिहाई मिलने पर वह भारत आयीं, जहाँ मेजर प्रेम कुमार सहगल से उनका विवाह हुआ।

लक्ष्मी सहगल में सौन्दर्य, विद्वता, निस्पृहता, उदारता, सहृदयता, धैर्य, शौर्य, ऋजुता आदि गुण थे। उन्होंने देश के शोषित–पीड़ित श्रमजीवियों एवं महिलाओं के हित में निरन्तर संघर्षरत रहकर भारत के राजनैतिक पटल पर भी अपना विशेष स्थान बनाया। वह पद्म भूषण उपाधि से सम्मानित हुईं तथा 1997 में राष्ट्रपति पद की उम्मीदवार भी रहीं।

61

आरती साहा

इंग्लिश चैनल तैरकर पार करने वाली पहली एशियाई महिला

आरती साहा का जन्म 24 सितम्बर, 1940 को कोलकाता में हुआ था। 29 सितम्बर, 1959 को वे इंग्लिश चैनल को सफलतापूर्वक पार करने वाली न केवल भारत की बल्कि एशिया की भी प्रथम महिला बन गयीं। 42 मील लम्बी इस दूरी को तैरकर तय करने में उन्हें लगभग 16 घण्टे 20 मिनट का समय लगा। 1960 में उन्हें भारत के राष्ट्रपति द्वारा पद्मश्री से सम्मानित किया गया। 23 अगस्त 1994 को उनकी मृत्यु हो गयी।

62

बरखा दत्त

युद्धक्षेत्र में पहली महिला रिपोर्टर

बरखा दत्त का जन्म 18 दिसम्बर, 1971 में हुआ था। ये नयी दिल्ली टेलीविजन (NDTV) की पत्रकार और एंकर हैं तथा भारतीय मीडिया का जाना–पहचाना नाम हैं। कारगिल युद्ध के दौरान बरखा दत्त घर–घर में पहचाने जाने वाली पत्रकार बन गयीं। इस युद्ध के दौरान वे ऐसी पहली महिला पत्रकार बनीं, जिन्होंने युद्धस्थल पर जाकर रिपोर्टिंग की और कारगिल युद्ध को देश के हर टेलीविजन तक पहुँचाने में अहम भूमिका निभायी। इस दौरान उनकी की गयी रिपोर्टिंग के कारण उन्हें चार पत्रकारिता पुरस्कार मिले और उन्हें बड़े पैमाने पर प्रसिद्धि हासिल हुई। दिल्ली के सेण्ट स्टीफन कॉलेज से बी.ए. करने के बाद बरखा ने जामिया से मास कम्युनिकेशन में मास्टर डिग्री हासिल की। इसके बाद उन्होंने कोलम्बिया यूनिवर्सिटी से पत्रकारिता में मास्टर डिग्री प्राप्त की। बरखा ने 1997 में इनलेस स्कॉलरशिप जीती थी। (इस स्कॉलरशिप के जरिए हर साल 6 भारतीयों को विदेश में पढ़ने के लिए भेजा जाता है)।

63

लीला पूनावाला

पहली महिला मैकेनिकल इंजीनियर

लीला पूनावाला का जन्म 16 सितम्बर, 1944 को हैदाराबाद (सिन्ध) में हुआ और वे बँटवारे के बाद शरणार्थी के तौर पर भारत आ गयीं। उन्होंने पुणे के गवर्नमेण्ट कालेज ऑफ इंजीनियरिंग में मैकेनिकल इंजीनियरिंग में एडमिशन लेकर एक नया अध्याय रचा।

उस समय तक इस क्षेत्र में केवल पुरुष ही कार्यरत थे और देश में कहीं पर कोई महिला इस क्षेत्र में दूर–दूर तक नहीं थी। पूनावाला ने इस परम्परा को तोड़ा और 1967 में उन्होंने प्रथम श्रेणी में अपनी डिग्री प्राप्त की।

बाद में वे देश की पहली महिला मैकेनिकल इंजीनियरिंग बनीं और स्वीडन की बहुराष्ट्रीय कम्पनी में एक अप्रेण्टिस से शुरू कर वे इस कम्पनी की सीएमडी पर तक पहुँची। उनकी उपलब्धियों के चलते सरकार ने 1989 उन्हें पद्मश्री से सम्मानित किया।

64

मुक्ति श्रीवास्तव

प्रथम महिला एयर-ट्रैफिक कण्ट्रोलर

मुक्ति श्रीवास्तव को भारत की प्रथम एयर–ट्रैफिक कण्ट्रोलर होने का गौरव प्राप्त है। दो भाइयों की इकलौती बहन मुक्ति आई.पी.एस. बनना चाहती थीं। आरम्भ से उनका सपना था कि ऐसा क्षेत्र चुनें, जिसमें यूनिफार्म पहनने को मिले, किरण बेदी उनका आदर्श थीं।

मेरठ से मुक्ति ने बी.एस.सी और फिर एल.एल.बी किया। कॉलेज में 6 वर्षों तक वह बैडमिण्टन की राष्ट्रीय चैम्पियन रहीं।

जब वह बी.एस.सी. में थीं, तब एयरफोर्स में ए.टी.सी सर्विस और एडमिनिस्ट्रेशन में महिलाओं की भर्ती सम्बन्धी विज्ञापन उनकी दृष्टि से गुजरा। मुक्ति की सोच में परिवर्तन हुआ। उन्होंने सोचा, पुलिस विभाग में पर्याप्त महिलाएँ हो चकी हैं। हाँ, एयरफोर्स में वे नहीं के बराबर हैं। इसलिए वह एयरफोर्स में गयीं।

उनका चयन हो गया, पर नियुक्ति के समय बहुत नाटक हुए। पहले कहा गया कि मन्त्रालय से लड़कियों की भर्ती की स्वीकृति अब तक नहीं मिली है। फिर कहा गया कि महिलाओं को केवन प्रशासनिक दायित्व ही सौंपा जायेगा। मुक्ति ने इन अन्याय के विरुद्ध आवाज उठायी और कोर्ट में गयी। सुप्रीम कोर्ट ने निर्णय उनके पक्ष में दिया और मुक्ति भारत की प्रथम 'एयर ट्रैफिक कण्ट्रोलर' बन गयी। नौकरी करते–करते उन्होंने वकालत की डिग्री भी प्राप्त का ली।

मुक्ति श्रीवास्तव अपने कार्य की जानकारी देती हुई कहती हैं, 'एयर ट्रैफिक–कण्ट्रोलिंग' टावर से ही एयर–क्राफ्ट के उड़ान भरने से लेकर लैण्ड करने तक के अन्तराल में उसे नियन्त्रित करने का काम मेरा था। यह देखना होता था कि कहीं दूसरे एयर–क्राफ्ट के उड़ान के साथ समय तो नहीं मिल रहा है? एयर–क्राफ्ट उड़ान के समय कहाँ है? आदि। इसकी स्लाइड्स बनी होती है, जिसे हमें हर स्थान के कण्ट्रोलर को फ्लाइट के दौरान सौंपते रहना होता है। इस काम में सतर्कता की जरूरत होने के साथ–साथ आँखों की रोशनी भी तेज होनी चाहिए। दिमाग का तेजी से काम करना

या निर्णय लेना भी अत्यन्त आवश्यक है अन्यथा दुर्घटना घटने में विलम्ब नहीं होता।'

मुक्ति की बेसिक ट्रेनिंग कोयम्बतूर में हुई तथा हैदराबाद में एयर–क्राफ्ट कण्ट्रोल की ट्रेनिंग पूर्ण हुई। प्रशिक्षण का उनका अनुभव बहुत अच्छा रहा। उनके अनुसार, 'मैं चूँकि आरम्भ से ही एथलीट थी, इसलिए मुझे कठिनाई नहीं आयी। प्रशिक्षण में शारीरिक रूप से सुदृढ़ बनाने के लिए केवल दौड़ाया जाता है। मैं लड़कों से भी आगे रहती थी। लड़के मुझसे पूछते थे कि, मुक्ति! तुम क्या खाती हो, जो इतना तेज दौड़ती हो?'

मुक्ति अपने दायित्व के प्रति बहुत सजग रहती थीं। कारगिल़ युद्ध का अपना अनुभव वह इस प्रकार बतातीं है, 'मैं अपनी 6 महीने की बेटी को लेकर नाइट–ड्यूटी करती थी। अधिकारी मुझसे कहते थे कि इतनी छोटी बच्ची है, नाइट ड्यूटी मत करो, पर मैं किसी प्रकार की सहानुभूति नहीं चाहती थी, इसलिए नाइट–ड्यूटी करती रही।'

दूसरी बेटी के जन्म के तुरन्त बाद मुक्ति ने नौकरी छोड़ दी तथा डी.जी.आर. (Directorate General of Rehabitation) को प्रार्थना–पत्र भेजा। डी.जी.आर डिफेंस के पूर्व अधिकारियों को कहीं भी नौकरी देने का अधिकार रखता है। मुक्ति को भी आई.जी.एल. (Indraprastha Gas Limited) में नौकरी मिल गयी। इससे पहले पेट्रोल पम्प पर पुरुष ही काम करते थे।

मुक्ति ने All Women C.N.G. Station, Mukti Enterprises' की स्थापना की, जहाँ केवल महिलाएँ ही काम करती हैं। मुक्ति कहती हैं, 'महिलाएँ किसी भी काम को पुरुष से अधिक बेहतर ढंग से कर सकती हैं। मैं लीक से हटकर काम करना पसन्द करती हूँ। अनुसरण की बजाय नेतृत्व में विश्वास करती हूँ।'

65

सौभद्रा

प्रथम महिला कैनोपी वैज्ञानिक

सौभद्रा भारत की प्रथम और अभी तक एकमात्र महिला कैनोपी वैज्ञानिक हैं। सौभद्रा को 'जंगल विस्तारक वैज्ञानिक' भी कहा जाता है।

कैनोपी विज्ञान में पेड़ों के ऊपरी भागों में रहने वाले छोटे जीवों का अध्ययन किया जाता है। इसका शाब्दिक अर्थ है– 'छत अथवा ऊपरी भाग'। सौभद्रा उसे स्पष्ट करते हुए कहती हैं, 'कैनोपी विज्ञान, जमीन से ऊपर, पेड़ों के ऊपरी हिस्से में बसने वाले जीवों का अध्ययन है।

कैनोपी प्रायः 25–30 मीटर तक ऊँचे भी हो सकते हैं। इस क्षेत्र में काम करना खतरनाक भी हो सकता है।'

सौभद्रा का बचपन पाण्डिचेरी में गुजरा। उन्हें बचपन से जीव–जन्तुओं से लगाव था। टी.वी. पर ऐसे कार्यक्रम देखकर उन्होंने इसी शाखा में जाने का निर्णय ले लिया। उनके सौभाग्य से उन्हें इस विषय की पढ़ाई की सुविधा भी प्राप्त हो गयी। उन्होंने चेन्नई यूनिवर्सिटी से स्नातक परीक्षा पास की और उसी वर्ष वहाँ 'एम.एस. इन इकॉलोजी' कोर्स शुरू हुआ। सौभद्रा के मन की इच्छा पूरी हुई। उन्होंने वहाँ तुरन्त प्रवेश ले लिया। वह उस कोर्स के प्रथम बैच की स्टूडेण्ट बन गयीं।

सौभद्रा डेविड एटेनबरा की जबरदस्त प्रशसंक हैं। उन्हें देखकर, उनके कार्यों से प्रेरणा प्राप्त करके ही वह आज यहाँ तक पहुँची हैं। वह कहती हैं, 'बचपन में जब मैं डेविड एटेबनरा को टी.वी. पर देखा करती थी, तभी से मैं उनकी फैन बन गयी थी। वे ऊष्ण कटिबन्धीय वर्षा–वनों में घूमते हुए जीव–जन्तुओं की तलाश करते रहते थे। तभी से मेरी यह दिली तमन्ना थी कि एक दिन मैं भी ऊष्णकटिबन्धीय वर्षा–वनों में अवश्य जाऊँ।'

एम.एस. में अध्ययन करते समय ही उनकी यह तमन्ना पूरी हो गयी। उन्हें अण्डमान के वर्षा–वनों के साथ–साथ कई और जगहों पर जाने का अवसर मिला।

छोटे जीवों जैसे कीट–पतंगें, तितलियाँ, मक्खियाँ इनका भी अपना एक संसार होता है...बिलकुल मनुष्यों तथा बड़े जीवों की भाँति पूर्ण संसार। उनके जीवन में भी

वही सब क्रम और घटनाएँ होती हैं। उनका अध्ययन भी उतना ही महत्त्वपूर्ण ओर रोचक है। सौभद्रा का कहना है, 'जिन जीवों को हम छोटा और मामूली समझकर उनकी ओर ध्यान नहीं देते, उन जीवों का भी अपना एक संसार होता है। उनकी दुनिया भी वैसी ही होती है, जैसी हम मनुष्यों की। उस दुनिया में प्रवेश करना, उसको जानना–समझना एक बिलकुल भिन्न दुनिया से दो–चार होने जैसा है।'

कैनोपी विज्ञान में कैनोपी पर परागण करने वाले जीवों जैसे तितलियों आदि पर सौभद्रा रिसर्च कर रही हैं। जीव फूलों के पराग को दूर–दूर तक पहुँचाते हैं, जिससे नये वृक्ष उगते हैं, हरियाली बढ़ती है, और पर्यावरण को बल मिलता है। जंगल–विस्तार करने वाले जीवों पर शोध करने के कारण ही उन्हें 'जंगल का विस्तार करने वाला वैज्ञानिक' कहा जाता है।

सौभद्रा के शोध का प्रमुख बिन्दु तितलियों के रहन–सहन, भोजन प्रजनन, जीवन आदि का अध्ययन है। वह चौदह वर्षों से शोध कार्य में लगी हुई हैं और हर समय जीवों के संसार के नये–नये रहस्य उन पर खुलते जाते हैं। वह अपना अधिक समय जंगलों में अपने कैमरे के साथ पेड़–पौधों, कीट–पतंगों के बीच गुजारती हैं। जब घर में होती हैं, तब भी उनके विषय से सम्बन्धित पुस्तकों को पढ़ती या नोट्स तैयार करती रहती हैं।

कैनोपी विज्ञान पर अधिकतर काम यूरोप में हुआ है। भारत में अभी बहुत कम वैज्ञानिकों ने इस ओर ध्यान दिया है। महिलाओं में सौभद्रा अकेली हैं। सौभद्रा की इच्छा है कि वह विद्यालयों में 'बटर फ्लाई' गार्डन स्थापित करके बच्चों को जागरूक करें। तितलियाँ बच्चों को अच्छी लगती हैं। गार्डन में उन्हें स्वच्छन्दता से विचरण करता देख बच्चे खुश होंगे, फिर उनके बारे में जो जानकारी दी जायेगी, उसे याद भी रखेंगें। दिल्ली बंगलौर आदि में सौभद्रा ऐसे प्रयोग कर चुकी हैं और अपने इस काम को आगे बढ़ाने के लिए प्रयत्नशील हैं।

66

एम. एस. सुब्बालक्ष्मी

भारतरत्न प्राप्त करने वाली पहली महिला संगीतज्ञ

एम.एस. सुब्बालक्ष्मी संगीत क्षेत्र की प्रथम महिला ही नहीं, प्रथम व्यक्ति हैं, जिन्हें 1998 में देश का सर्वोच्च सम्मान 'भारत रत्न' प्राप्त हुआ। यह सम्मान सुब्बालक्ष्मी की उपलब्धियों के मुकुट में कोहिनूर का स्थान रखता है। इस मुकुट के अन्य देदीप्यमान हीरे वे सम्मान और वे यादगार अवसर हैं, जो उन्होंने प्राप्त किये अथवा जब उन्होंने अपनी कला का प्रदर्शन किया।

1963 में 'एडिनबरा इण्टरनेशनल फेस्टिवल ऑफ म्यूजिक एण्ड ड्रामा' में उन्होंने संगीत का जादू बिखेरा। 1966 में 'यूनाइटेड नेशंस' में संगीत–सभाएँ आयोजित कीं। लन्दन और सोवियत यूनियन में आयोजित 'इण्डिया फेस्टिवल' में भी अपने संगीत से सबको मोहित किया।

सुब्बालक्ष्मी को पद्मभूषण, कालीदास सम्मान, संगीत–कलानिधि सम्मान और मैगासेसे पुरस्कार भी प्राप्त हुए हैं।

सुब्बालक्ष्मी का जन्म 16 सितम्बर 1896 को तमिलनाडु के मदुराई शहर में हुआ। उनकी माता 'शनमुखा वादेदु' भी महान गायिका थीं। बचपन ही से सुब्बालक्ष्मी अपनी माँ के साथ संगीत–सभाओं में जाने लगी थीं।

सुब्बालक्ष्मी ने श्रीनिवास आयंगर से कर्नाटक संगीत की शिक्षा ग्रहण की तथा 16 वर्ष की अल्पायु में संगीत की ऊँचाइयों तक पहुँच गयीं। वह मात्र सतरह वर्ष की थीं, जब प्रसिद्ध फिल्म निर्माता डॉ. के. सुब्रमणियम ने उनका संगीत सुनकर उन्हें अपनी फिल्म 'सेवा–सदन' में गाने का अवसर दिया। फिर 'सावित्री' तथा 'शकुन्तला' फिल्में आयीं, जिनके गीतों ने उन्हें अपार ख्याति प्रदान की। उन्होंने कुछ फिल्मों में काम भी किया। 'मीरा' फिल्म, जिसमें वह 'मीरा' बनी थीं, लता मंगेशकर ने लगभग 50 बार देखी थी।

1940 में उनका विवाह स्वतन्त्रता–सेनानी सदाशिवम् से हुआ। सदाशिवम् उनके संगीत के प्रशंसक थे। उन्होंने हर कदम पर पत्नी का साथ दिया। वास्तविकता तो यह है कि परदे के पीछे रहकर उन्होंने सुब्बालक्ष्मी की प्रगति का मार्ग प्रशस्त किया।

सुब्बालक्ष्मी भी अपने पति का बहुत सम्मान करती थीं। उनकी प्रत्येक सलाह को मानतीं, उनके प्रत्येक निर्णय को महत्त्व देतीं। वह सदैव कहा करतीं, 'आज मैं जो कुछ हूँ, अपने पति के कारण हूँ। वह मुझे माता–पिता का स्नेह देते थे तथा गुरु की भाँति मार्गदर्शन करते थे।' 1974 में सदाशिवम् का देहान्त हुआ और उसके कुछ ही समय बाद सुब्बालक्ष्मी को मैगासेसे पुरस्कार प्राप्त हुआ। उन्हें बहुत अखरा। उनका कहना था कि सदाशिवम् के सामने यह पुरस्कार मिलता, तो अधिक खुशी की बात होती।

एस.एम. सुब्बालक्ष्मी की संगीत–यात्रा के चार मुख्य पड़ाव हैं,

- पहला आरम्भ से 1936 तक, जब उन्होंने संगीत का रियाज किया।
- दूसरा पड़ाव 1936 से 1946 तक, जब उन्होंने फिल्मों में अभिनय किया और अपने गीत स्वयं गाये। फिल्म सावित्री के एक गीत के ध्वनिमुद्रण के समय के.एल. सहगल, कानन बाला तथा के.सी. डे भी उपस्थित थे। वे तीनों उनका गीत सुनकर मन्त्रमुग्ध हो गये थे।
- तीसरा पड़ाव 1946 से 1968 तक, जब वह संगीत जगत पर छायी रहीं और 'कर्नाटक संगीत की ग्रेटेस्ट वुमेन' कहलायीं।
- चौथा मोड़ वह था, जब 1969 से 1997 तक वह म्यूजीशियन रहीं। 1974 में पति के देहान्त के पश्चात् उन्होंने कभी जनता के बीच नहीं गाया।

सुब्बालक्ष्मी के पास गाँधीजी की स्मृतियों का अनमोल खजाना था। 1941 में वह सदाशिवम् के साथ गाँधीजी से मिलने वर्धा आश्रम गयीं थीं। प्रार्थना के समय गाँधीजी के आग्रह पर उन्होंने कई भजन भी गाये। बाद में अनुमति लेकर गाँधीजी ने उन भजनों का उपयोग कस्तूरबा फण्ड एकत्र करने में किया।

1947 में गाँधीजी के जन्मदिन पर सुब्बालक्ष्मी ने मीराबाई का एक भजन रिकार्ड करके उन्हें भेजा था। 1948 में गाँधीजी की हत्या के पश्चात् दूरदर्शन से जब वह भजन प्रसारित हुआ, तो वह गाँधीजी को याद करके रो पड़ी थीं।

डॉ. राजेन्द्र प्रसाद, डॉ. राधाकृष्णन, पं. नेहरू, सरोजनी नायडू सब उनके संगीत के प्रशंसक थे। पं. नेहरू ने उनसे भेंट होने पर कहा था, 'मलिका तो तुम हो, मैं तो मात्र वजीर हूँ।'

सुब्बालक्ष्मी संगीत–साम्राज्ञी थीं। पूर्व राष्ट्रपति ए.पी.जी. अब्दुल कलाम ने उन्हें 'बुलबुल–ए–हिन्द' का खिताब दिया था। वे भक्तिरस की रचनाएँ डूब कर गाती थीं। वह कहती थीं, 'भक्ति और सिर्फ भक्ति ही दिलों को छू सकती है।'

इस महान गायिका का 11 दिसम्बर 2004 को देहान्त हो गया, पर वह अपने संगीत के कारण आज भी सबके दिलों में बसी हुई हैं।

67

दीना वकील

किसी राष्ट्रीय स्तर के अँग्रेजी समाचार-पत्र की पहली पूर्णकालिक महिला सम्पादक

दीना वकील टाइम्स ऑफ इण्डिया के मुम्बई संस्करण की सलाहकार सम्पादक हैं। उन्होंने अपना पत्रकारिता कैरियर 1970 में प्रारम्भ किया एवं किसी बड़ी अँग्रेजी अखबार की सम्पादक नियुक्त होने वाली प्रथम भारतीय महिला बनीं। दीना ने 'द टाइम्स' के मुम्बई संस्करण का भी लगभग 10 वर्ष तक कार्यभार सम्भाला।

दीना ने अपना कैरियर संयुक्त राष्ट्र के न्यूयार्क स्थित जन–सूचना कार्यालय में संवाददाता के रूप में शुरू किया। इससे पूर्व उन्होंने कोलम्बिया विश्वविद्यालय के 'स्कूल ऑफ जर्नलिस्ट' से पत्रकारिता में स्नातकोतर उपाधि प्राप्त की। 1971 में भारत लौटने के बाद उन्होंने टाइम्स ऑफ इण्डिया समूह ज्वॉइन किया, जहाँ प्रथमतः उन्होंने महिलाओं की पत्रिका 'फेमिना' का सम्पादन किया। उन्होंने इसी पत्र–समूह के इकोनॉमिक टाइम्स के सह–सम्पादक के रूप में भी कार्य किया।

68

कटक शम्मा

प्रथम महिला बिशप

आन्ध्र–प्रदेश के ईवनगेलीकल लूथेरेन चर्च की श्रीमती कटक शम्मा भारत देश की ही नहीं, सम्पूर्ण एशिया की प्रथम महिला बिशप हैं।

कटक शम्मा की निश्चित ही यह महान उपलब्धि है, पर इसके साथ वह एक महान् शिक्षाविद् भी हैं। आन्ध्र–प्रदेश के खम्मम जिले में वह पाँच विद्यालय चलाती हैं। इस कार्य में उनके मास्टर पति उनका साथ देते हैं।

कटक शम्मा कहती हैं, 'मेरा चर्च पुरुष–प्रधान समाज में पुरुष वर्चस्व के विरुद्ध एक चुनौती है। आज की महिला जागरूक है। अब समय आ गया है कि पुरुष स्वयं आगे बढ़कर उन्हें समान अधिकार दें।'

69

रजनी पण्डित

प्रथम महिला जासूस

रजनी पण्डित भारत की प्रथम और एकमात्र महिला जासूस हैं। रजनी को महाविद्यालय काल से जासूस बनने का शौक हुआ। वास्तव में पहली बार अपनी एक सहेली की सहायता करके, उसे कठिनाइयों से बचाने के लिए रजनी ने एक जासूस की भाँति उसकी गतिविधियों पर नजर रखी और उसे संकट से उबार लिया। रजनी के पिताजी पुलिस विभाग में थे। उन्होंने रजनी की यह सफलता देखकर उसे 'डिटेक्टिव' कहकर पुकारा और सराहा। रजनी के मन में जासूस बनने की इच्छा जाग उठी।

कॉलेज की पढ़ाई पूरी होने के बाद उन्होंने एक पत्रकार की, उसकी खोज–वार्ता पूर्ण करने में बहुत सहायता की। बदले में उस पत्रकार ने रजनी के व्यवसाय का विवरण समाचार–पत्र में प्रकाशित किया। रजनी के पास केस आने लगे और वह पूरी तरह इस व्यवसाय में रम गयीं।

रजनी ने जासूस बनने का कोई प्रशिक्षण नहीं लिया, क्योंकि भारत में ऐसी कोई सुविधा नहीं है। उनका शौक, उनकी लगन, उनका अनुभव उनके काम आया। वह मानती हैं कि जासूस बनने के लिए साहस, बुद्धि और दृढ़ निश्चय की जरूरत होती है।

रजनी कानून का आदर करती हैं, इसलिए हर काम सीमा में रहकर करती हैं। वह पिस्तौल चलाना जानती हैं, पर अति आवश्यकता पड़ने पर ही इसका उपयोग करती हैं। कानूनी तौर पर इस व्यवसाय को मान्यता प्राप्त न होने से आवश्यक तथ्य एकत्र करने में उन्हें बहुत कठिनाइयाँ आती हैं। निजी जासूस को कोई सूचनाएँ उपलब्ध नहीं कराता, फिर भी रजनी अपना काम करने के लिए किसी की भी परवाह नहीं करतीं।

एक रोचक केस...में वह नौकरानी बन कर एक महिला के घर 6 महीने तक काम करती रहीं। उस महिला ने अपने प्रेमी के साथ मिलकर पति और पुत्र की हत्या की, पर कोई सुबूत नहीं छोड़ा। बूढ़ी सास ने रजनी से सहायता माँगी। रजनी महरी बनकर प्रमाण इकट्ठे करती रहीं। उस महिला ने अपने प्रेमी के साथ भागने की तैयारी कर ली, इधर रजनी ने पुलिस को फोन कर दिया। पुलिस को आने में देर हुई, रजनी को कुछ न सूझा कि उन्हें कैसे रोके। आखिर उन्होंने छुरी उठाकर अपने पाँव में घोंप ली। उसकी चीख–पुकार सुनकर महिला और उसका प्रेमी उनकी देखभाल में लग गये। पुलिस पहुँची और उन्हें गिरफ्तार कर लिया।

ऐसे कई रोचक किस्से वह सुनाती हैं। रजनी पण्डित आज भी अपने कार्य में मुस्तैदी से जुड़ी हुई हैं।

70

पद्मा बन्द्योपाध्याय

पहली महिला एयर मार्शल

वर्ष 2004 भारतीय एयर फोर्स के इतिहास में एक अविस्मरणीय वर्ष रहा, जब एयर वाइस मार्शल पद्मा बन्द्योपाध्याय की भारत की प्रथम महिला एयर मार्शल के रूप में पदोन्नति हुई।

एयर मार्शल पद्मा बन्द्योपाध्याय को MIG-21 (ट्रेनर), Gnat, (नेट) हण्टर एवं MIG-25 (मिग–25) जैसे लड़ाकू विमान उड़ाने का अच्छा खासा अनुभव है। उन्होंने 1 अक्टूबर, 2004 को एयरफोर्स की चिकित्सीय सेवाओं के महानिदेशक का पद ग्रहण किया। उनकी शिक्षा दिल्ली के किरोड़ीमल कॉलेज तथा डॉक्टरी की पढ़ाई एएफएमसी पुणे में सम्पन्न हुई।

वे भारतीय वायुसेना में एयर वाइस मार्शल बनने वाली भी प्रथम महिला थीं। इसके अतिरिक्त उन्हें रक्षा सेवा स्टाफ कॉलेज का कोर्स पूरा करने एवं 'एविएशन मेडिसिन' में विशेषज्ञ का दर्जा प्राप्त करने वाली प्रथम महिला होने का श्रेय भी प्राप्त है।

वे भारत–रूस संयुक्त अभियान दल के सदस्य के रूप में 1989 में उत्तरी ध्रुव पर भी पहुँची। वे अति विशिष्ट सेवा मेडल से सम्मानित होने वाली पहली महिला अफसर हैं।

71

अरुन्धती राय

बुकर पुरस्कार विजेता पहली भारतीय महिला

अरुन्धती राय प्रथम नागरिक हैं, जिन्हें बुकर पुरस्कार मिला तथा मिलियन डॉलर की पुस्तक–डील प्राप्त हुई। उनका उपन्यास, 'दी गॉड ऑफ स्मॉल थिंग्ज' है, जिसे बुकर पुरस्कार मिला है। यह संसार भर की लेखिकाओं के 50 उत्तम उपन्यासों में 20 वें क्रमांक पर है।

यह उपन्यास एशा और राहुल की कहानी है। इसमें सोफी मोल, जो उनसे मिलने आती है और मर जाती है, उसका चरित्र भी महत्त्वपूर्ण है।

अरुन्धती की माँ 'मेरी रॉय' ईसाई विरासत कानून के खिलाफ लड़ कर विजयी हुई थीं। सुप्रीम कोर्ट ने ऐतिहासिक निर्णय सुनाया था कि ईसाई महिला अपने पिता की सम्पत्ति की हकदार होती है। उसे यह हक मिलना चाहिए।

अरुन्धती राय के पति प्रदीप कृष्ण फिल्में बनाया करते थे। अरुन्धती राय ने 'मैसी साहब' फिल्म में गायिका की भूमिका निभायी थी।

अरुन्धती 'नर्मदा बचाओ आन्दोलन' से जुड़ी हुई हैं। इस सम्बन्ध में वह गिरफ्तार हुईं और

कुछ समय तिहाड़ जेल में भी रहीं। विशेष बात यह है कि पुरस्कार में जो राशि उन्हें मिली, वह सब उन्होंने नर्मदा बचाओ आन्दोलन में लगा दी। लघु पत्र–पत्रिकाओं को भी अनुदान दिया।

जी–8 के विरोध को यूरोप में अमीरों के खिलाफ गरीबों की सामूहिक आवाज माना जाता है। अरुन्धती राय फ्रांस और स्विट्जरलैण्ड में आर्थिक संगठन ग्रुप–जी के खिलाफ प्रदर्शनों में भाग लेती हैं।

अरुन्धती समाजसेवा के साथ महिलाओं के सशक्तिकरण की आवश्यकता पर बल देती हैं और इसे पूरी ईमानदारी से करती हैं। उनका कहना है, 'औरत का बौद्धिक होना ही उसे ग्लैमरस बनाता है।'

'दी शेप ऑफ द बीस्ट' उनकी एक अन्य पुस्तक है, जिसमें 2001 से 2008 के मध्य उनके द्वारा लिये गये साक्षात्कारों का विवरण है। इनमें लेखक अन्थोनी ऑनोज तथा पी.जी. रसूल, पत्रकार एस. आनन्द तथा डेविड बारसमियन, शोभा चौधरी, एन. राम, अमित सेन गुप्ता प्रमुख हैं। 'दी अलजेब्रा ऑफ इनफिनिट जस्टिस' और 'एन ऑडिनरी पर्संस गाइड टू एम्पायर' उनकी अन्य पुस्तकें हैं।

72

देविका रानी

दादा साहब फाल्के पुरस्कार की पहली महिला विजेता

देविका रानी चौधरी भारतीय फिल्म उद्योग के प्रारम्भिक वर्षों के प्रमुख सितारों में से एक थीं। उनका जन्म 30 मार्च, 1908 को वाल्टेयर (अब विशाखापत्तनम) में हुआ था। उन्होंने 1929 में तत्कालीन फिल्म निर्माता एवं अभिनेता हिमांशु राय से विवाह किया।

उन दोनों ने एक साथ हिन्दी सिनेमा की प्रथम ध्वनि सहित फिल्म 'कर्मा' में अभिनय किया। शीघ्र ही उन्होंने निरंजन पाल एवं फ्राँज ऑस्टन के साथ मिलकर प्रख्यात फिल्म निर्माण कम्पनी 'बॉम्बे टाकीज' की स्थापना की।

उनकी सर्वाधिक चर्चित फिल्म 'अछूत कन्या' खुद देविका रानी द्वारा अभिनीत एक अछूत लड़की एवं एक ब्राह्मण लड़के (अशोक कुमार) की कहानी है, जो समाज में व्याप्त छूआछूत जैसी बुराई पर कठोर प्रहार करती हैं। 'बॉम्बे टाकीज' के पतन के बाद उन्होंने रूसी चित्रकार स्वेतोस्लाव रोरिच से विवाह कर लिया एवं फिल्मों को अलविदा कहकर उन्हीं के साथ बंगलौर में बस गयीं।

1959 में भारत के तत्कालीन राष्ट्रपति ने उन्हें 'पद्मश्री' की उपाधि से सम्मानित किया। 1970 में उन्हें भारतीय सिनेमा के सर्वोच्च सम्मान 'दादा साहेब फाल्के पुरस्कार' से सम्मानित किया गया।

73

सुनीता चौधरी

प्रथम महिला ऑटो-चालक

सुनीता चौधरी मेरठ की रहने वाली है। एक आम स्त्री की भाँति उन्होंने गृहिणी बन कर घर सजाने, पति की सेवा करने, बच्चों के पालन–पोषण करने के सपने देखे थे, पर हुआ इसका उलटा। पति और ससुराल वालों ने उन्हें प्रताड़ित किया। यहाँ तक कि उन्हें उस समय घर से निकाल दिया, जब वह माँ बनने वाली थीं। उन्होंने मुकदमा दर्ज कराया। उनके पति, ससुर और देवर को सजा दी गयी पर सुनीता के माता–पिता ने ही उन्हे घर में जगह नहीं दी।

फिर आरम्भ हुआ कठिनाइयों और विपदाओं का एक लम्बा सिलसिला। सुनीता ने दिल्ली में शरण ली।

सुनीता ने दिल्ली के महरौली में एक कमरा किराये पर लिया, पर मुकदमे के सिलसिले में पुलिस को आते–जाते देख मकान मालिक ने कमरा खाली करा लिया। सुनीता फिर सड़क पर आ गयीं।

एक स्वयंसेवी संस्था ने लाजपत नगर के एक आश्रम में प्रवेश दिला दिया, पर जैसे ही आश्रम वालों को मालूम हुआ कि वह गर्भवती हैं, उन्होंने आश्रम से निकाल दिया।

एक मन्दिर के पुजारी ने मन्दिर में शरण दी। सुनीता मन्दिर की साफ–सफाई करतीं। एक घर में महरी की हैसियत से काम भी करतीं, पर गर्भावस्था के अन्तिम चरण में मन्दिर भी छोड़ना पड़ा और नौकरी भी।

सुनीता ने फिर कमरा किराये पर लिया। बच्चे के जन्म का समय समीप आया, तो वह अकेली थीं। दर्द से तड़प रही थीं। कोई उनके पास न था। वह एक ऑटो में बैठकर अस्पताल गयीं। ऑटो वाले ने अस्पताल में उन्हें भर्ती करवाया। उनसे किराया भी नहीं लिया।

तीन दिन बाद जब उन्हें होश आया, तो वह एक बेटे की माँ बन चुकी थीं। वह बीमार थीं। उन्हें दो महीने तक अस्पताल में रहना पड़ा। एक स्वयंसेवी संस्था ने उनका खर्च उठाया।

अस्पताल से जब अपने कमरे पर पहुँचीं, तो पता चला, पति और ससुराल वालों ने कैद से छूटते ही उनका पता चलाया। कमरे से उनका समान उठा ले गये। कमरा खाली होते ही मकान मालिक ने उस कमरे को किराये पर चढ़ा दिया।

सुनीता सीधी महरौली थाना पहुँचीं। बच्चे को थानेदार भीमसिंह के सामने रख कर अपनी बिपदा सुनायी और कहा, 'या तो इस बच्चे को आप रख लीजिए या मुझे न्याय दिलाइए।'

थानेदार बहुत प्रभावित हुए। उन्हें उनका सामान और कमरा वापस दिला दिया। पति, ससुर, देवर को फिर गिरफ्तार किया, पर वह पैसा खर्च करके बच निकले। थानेदार सुनीता को उसके मायके भी ले गये, पर उन्होंने 'लड़की ससुराल ही में अच्छी लगती है।' कहकर उसे स्वीकार नहीं किया।

सुनीता का बच्चा बीमार रहने लगा। एक दिन वह चल बसा। रोती–बिलखती सुनीता किराये पर मैटाडोर करके उसे शमशान–घाट ले गयीं और दफन कर दिया। सुनीता ने हिम्मत नहीं हारी। कोर्ट–कचहरी जाती रहीं। न्याय के लिए आवाज बुलन्द करती रहीं। उन्होंने महरौली के प्राथमिक स्वास्थ्य केन्द्र में नौकरी कर ली। वह मन लगाकर काम करतीं। उसके जीवन का उद्देश्य सड़क–दुर्घटनाओं के शिकार लोगों की सहायता करना बन गया। उनके काम से प्रसन्न होकर प्राथमिक स्वास्थ्य केन्द्र में उन्हें रहने–खाने की सुविधा मिल गयी।

सुनीता को अत्याचारियों से नफरत है, क्योंकि वह स्वयं इनका शिकार बन चुकी हैं। एक बार तो उन्होंने गुण्डा बनने के लिए हथियार चलाना भी सीखना चाहा था। एक पुलिस अधिकारी ने सहायता की और कहा, 'हम तुम्हें हथियार चलाना सिखा देगें, पर इसका लाभ आत्मरक्षा के लिए करना। वायदा करो कि कभी डाकू नहीं बनोगी।'

यह बात सुनीता के दिल को छू गयी। वह आज तक अपने वायदे पर कायम हैं।

सुनीता ने 'इंस्टीट्यूट ऑफ ड्राइविंग एण्ड रिसर्च' से कमर्शियल ड्राइविंग का प्रशिक्षण लिया। ऑटो चलाने के लिए जब उन्होंने बैज और लाइसेंस माँगा, तो अधिकारियों ने इनकार कर दिया कि यह महिलाओं को नहीं दिया जाता। दो वर्षों तक सुनीता प्रयत्न करती रहीं। फिर उनकी मुलाकात 'पैंथर ऑटो ट्रांसपोर्ट' के मालिक संजय सचदेवा से हुई। उनकी और 'पैंथर ऑटो ड्राइवर फ्रण्ट' के सदस्यों की सहायता से उन्हें बैज और लाइसेंस मिल गया।

सुनीता ने जूडो–कराटे सीखा ताकि अपना रक्षण कर सकें। वह टॉम–ब्वॉय की तरह रहने लगीं। इस सम्बन्ध में उनका कहना है, 'इन कपड़ों से भाग–दौड़ में आसानी रहती है...क्योंकि प्रायः दुर्घटना के शिकार लोगों को कन्धे पर उठाना पड़ता है। उनकी सहायता के लिए लोगों से मारपीट तक करनी पड़ती है।'

74

सिस्टर अल्फोंसा

प्रथम महिला सन्त

केरल की सिस्टर अल्फोंसा वेटिकन सिटी द्वारा स्वीकृत भारत की प्रथम महिला सन्त हैं। उन्हें 12 अक्टूबर 2008 को सेण्ट पीटर्स बेसिलिका, रोम में 'प्रथम सन्त महिला' घोषित किया गया।

अल्फोंसा का जन्म 12 अगस्त 1910 को चेंगनचेरी, कोट्टयम जिला केरल में हुआ। उनका बचपन का नाम अन्नाकुट्टी था। उनके जन्म के कुछ ही सप्ताह बाद उनकी माँ का देहान्त हो गया था। बचपन ही से ईश्वर–भक्ति में वह लीन रहती थीं। चर्च में नियमित जातीं।

उनकी पढ़ाई कान्वेण्ट स्कूल में हुई। फिर वह चर्च से जुड़ गयीं और नन बन गयीं। उनका नाम 'सिस्टर अल्फोंसा' हो गया। प्रभु ईसा मसीह की भक्ति में डूब कर दुखियों–पीड़ितो की सेवा में वे जुट गयीं।

सिस्टर अल्फोंसा के व्यक्तित्व से कई चमत्कार जुड़े हैं, जिनमें उनके आशीर्वाद से एक अपंग बालक का स्वस्थ हो जाना प्रमुख चमत्कार था।

सिस्टर अल्फोंसा का आत्मा के विषय में विचार था कि पिंजरे में बन्द पक्षी की भाँति शरीर में वास करती आत्मा कभी भी, किसी भी समय शरीर के पिंजरे से मुक्त हो सकती है। स्वयं सिस्टर अल्फोंसा मात्र 36 वर्ष की आयु में यह संसार छोड़ गयीं। विभिन्न बीमारियों से ग्रस्त उनका शरीर 28 जुलाई 1948 को उन्हें, उनके भक्तों से दूर कर गया।

1986 में पोप जॉन पॉल द्वितीय ने कोट्टायम में सिस्टर अल्फोंसा की महानता को स्वीकार करते हुए उन्हे 'धन्य' घोषित किया था।

75

बच्छेन्द्री पाल

एवरेस्ट फतह करने वाली भारतीय महिला

गढ़वाल जिले के पहाड़ों में छिपे उत्तरकाशी के एक गाँव में 24 मई 1954 को बच्छेन्द्री पाल का जन्म हुआ। वह सात भाई–बहनों में तीसरे क्रमांक पर हैं। बचपन से वह नटखट पर दृढ़ स्वभाव की थीं।

उनके बड़े–भाई, छोटे भाई को पर्वतारोहण की ओर उन्मुख करते रहते थे। बच्छेन्द्री को विचार आया, कि वह मुझे प्रेरित क्यों नही करते? क्या इसलिए कि मैं लड़की हूँ!' बस, उसी समय से वह जो काम लड़के करते, उन्हीं कामों को करने लगीं।

पहाड़ पर चढ़ना–उतरना पहाड़ी इलाकों में रहने वालों के लिए कोई विशेष बात नहीं। बच्छेन्द्री पाल विदेशी पर्वतारोहियों को, जो कि उन्हें उनके इलाके में आते, अपने घर आमन्त्रित करतीं, उन्हें चाय पिलातीं और उनसे उनके अनुभव सुनतीं। जब उन्होंने पर्वतारोहण आरम्भ किया, तब ये बातें उनके बहुत काम आयीं।

बच्छेन्द्री गाँव से 5 किलोमीटर दूर हरसिल गाँव में पढ़ने जाती थीं। विद्यालय जीवन में ही उन्होंने मैदानी खेल में भाग लेना शुरू कर दिया था। तब भी उन्होंने कई पुरस्कार और मैडल जीते। उनका नाम प्रसिद्ध हो गया। वे स्वयं भी प्रतियोगिताएँ आयोजित करने लगीं।

1981 में नेहरू इंस्टीट्यूट ऑफ माउण्टेयरिंग (पर्वतारोहण विद्यालय) में प्रवेश लेकर प्रथम तथा द्वितीय अभ्यासक्रम उतीर्ण कर लिया। वे सर्वश्रेष्ठ छात्रा

ठहरायी गयीं। घर के लिए ईंधन के गट्ठे लाना बच्छेन्द्री का प्रतिदिन का काम था। उन्होंने बड़े–बड़े पत्थर उठाकर पहाड़ पर चढ़ने का अभ्यास शुरू किया। उनके बाबा परिहास करते, 'बेटी पत्थर लेकर पहाड़ की ऊँचाई पर जाती है। वहाँ मकान बनाने का इरादा है शायद!'

1983 की फरवरी में 'नेशनल एडवेंचर फाउण्डेशन' के डायरेक्टर ब्रिगेडियर ज्ञान सिंह उनके गाँव आये। वह एक एडवेंचर कोर्स आरम्भ करना चाहते थे। उन्होंने शिष्यवृत्ति के लिए सात लड़कियों का चयन किया। बच्छेन्द्री उन सात में एक थीं।

1894 में भारतीय एवरेस्ट मुहिम की योजना साकार हुई। पुरुष भी इनमें शामिल थे। इस चढ़ाई में कई कठिनाइयाँ आयीं। वे बर्फ में दबकर घायल हुए, पर साहस जुटा कर फिर आगे बढ़े। 15–16 मई को शुरू होकर 23 मई को अभियान पूर्ण हुआ। दोपहर में एक बजकर सात मिनट पर पार्टी एवरेस्ट की चोटी पर पहुँच गयी। वहाँ भारत का, नेपाल का, सेवन सिस्टर्स का और टिसको का, इस प्रकार चार झण्डे फहराये गये। वे सब वहाँ पूरे 43 मिनट रुके। कर्नल खुल्लर ने वॉकी–टॉकी पर बच्छेन्द्री पाल को बध ाई देते हुए कहा, 'तुम्हारी इस विजय के लिए मैं तुम्हारे माता–पिता को भी बधाई दूँगा। मुल्क को तुम पर नाज है। अब तुम जिस दुनिया में वापस आओगी, वह उस संसार से नितान्त भिन्न होगी, जिसे तुम छोड़कर गयी थीं, क्योंकि तुम एवरेस्ट की चोटी पर पहुँचने वाली प्रथम महिला बन गयी हो।' हिमालय से उतरने के पश्चात बच्छेन्द्री ने कहा, 'एवरेस्ट की चढ़ाई से मेरी इच्छा पूरी हो गयी। इससे अधिक कुछ करने की कोई क्या कामना करेगा?'

श्रीमती इन्दिरा गाँधी ने बच्छेन्द्री पाल का सम्मान करते हुए कहा, 'हमें आज सैकड़ों की संख्या में बच्छेन्द्री पाल जैसी साहसी महिलाओं की जरूरत है।'

बच्छेन्द्री पाल की जीवनगाथा के पड़ाव इस प्रकार हैं :

- 1984 में माउण्ट एवरेस्ट पर चढ़ने वाली पहली भारतीय महिला बनीं।
- 1986 में अर्जुन अवार्ड प्राप्त हुआ।
- 1986 में यूरोप की ऑलप्स श्रृंखला के माउण्ट ब्लैक की चोटी तक पहुँचने में सफलता प्राप्त की।
- 1987 में 'बिहार गौरव' की पदवी मिली।
- 1990 में अन्तर्राष्ट्रीय सम्मान और पदक प्राप्त हुआ।
- 1993 में गढ़वाल, नेपाल, हरियाणा की महिलाओं की टीम की अगुआ बनीं।

माउण्ट एवरेस्ट (सागर माथा) में सात विश्व रिकॉर्ड बनाये। इस मुहिम के कारण भारत को 'पर्वतारोहियों का देश' गौरव प्राप्त हुआ। इस मुहिम में सन्तोष यादव भी शामिल थीं, जिन्होंने दो बार एवरेस्ट पर चढ़ाई की। डिकी डोल्मा भी थीं, जो उस समय तक एवरेस्ट पर पहुँचने वाली सबसे अल्पायु की पर्वतारोही थीं।

बच्छेन्द्री पाल टिसको की एक सहायक कम्पनी TSAF अर्थात् टाटा स्टील एडवेंचर फाउण्डेशन के डिवीजनल मैनेजर पद पर कार्यरत हैं। वह अपने मिशन के लिए अन्य एडवेंचर क्लबों की भी सहायता लेती हैं। टाटा स्टील एडवेंचर फाउण्डेशन की ओर से चट्टानों पर चढ़ाई (ट्रैकिंग), तैराकी और प्रकृति से सान्निध्य साधने के कैम्प लिए जाते हैं। Back to Nature अर्थात प्रकृति की ओर लौटने की रूसो की फिलासफी TSAF ने अपनायी है।

फाउण्डेशन के सभी प्रोग्राम शैक्षिक महत्त्व रखते हैं। एडवेंचर के अतिरिक्त पर्यावरण सुरक्षा/जागरूकता के पाठ पढ़ाये जाते हैं। बच्छेन्द्री पाल के नेतृत्व में जो दल गया था, वह वापसी में हिमालय पर बिखरे पड़े 500 कि.ग्रा. कूड़े के साथ दो मानवीय पिंजर भी साथ लाया था। बच्छेन्द्री पाल पहाड़ की चोटी को 'साधना स्थल' मानती हैं और इसीलिए वहाँ गन्दगी नहीं सहन कर सकीं, उसे समेट लायीं।

वह सदैव गर्व से कहती हैं। 'मैं हमेशा से मानती आयी हूँ कि हमारी महिलाएँ किसी से कम नहीं हैं। उन्हे बस प्रोत्साहन की आवश्यकता है।'

76

कैप्टन सौदामिनी देशमुख

जेट विमान की पहली महिला कप्तान

कैप्टन देशमुख के नाम कई कारनामें दर्ज हैं। जब वे 1985 में फोकर–27 जहाज की चैक पायलट बनीं, तो ऐसा करने वाली वे भारत की प्रथम महिला थीं। उसके बाद 1989 में वे बोइंग–737 जहाज पर एक 'आल–वुमैन' चालक दल की कप्तान रहीं।

उनकी कप्तानी में इस जहाज ने कोलकाता से सिलचर की उड़ान भरी। 1994 में उन्होंने एयरबस A-320 सरीखे बड़े जहाज की कप्तानी की तथा 1995 में फिर एक बार एक ऐसी ही उड़ान पर एक और 'ऑल वुमैन' चालक दल की कप्तानी सम्भाली। इसी तरह की एक अन्य उपलब्धि उन्होंने तब हासिल की, जब उड्डयन कम्पनी 'इण्डियन' की डिप्टी जनरल मैनेजर नियक्त हुईं। किसी विमान कम्पनी में इतनी बड़ी पोस्ट पर पहुँचने वाली भी वे प्रथम भारतीय महिला थीं। कैप्टन देशमुख ने इसी कम्पनी में एक व्यावसायिक पायलट के रूप में 1980 में अपना कैरियर प्रारम्भ किया था।

77

दीना मेहता

प्रथम महिला स्टॉक ब्रोकर

दीना मेहता चार्टर्ड अकाउण्टेण्ट, एम.बी.ए. फाइनेंस हैं। उनका इस क्षेत्र में आना एक संयोग ही था। शिक्षा पूर्ण करने के पश्चात् वह क्राम्पटन ग्रीव्स में कार्यरत थीं। वहाँ सबेरे नौ बजे से शाम पाँच बजे तक बँधा–टका काम करने में उन्हें मजा नहीं आ रहा था। उनके पति ने सुझाव दिया, 'क्यों न तुम शेयर–मार्केट में काम करो। वहाँ अपनी सदस्यता भी है।'

दीना को यह सुझाव पसन्द आया। उन्होंने काम आरम्भ किया। उन्हें बहुत कठिनाइयों का सामना करना पड़ा। क्योंकि उन्होंने मैनेजमेण्ट पद्धति को बदलने से काम की शुरूआत की। इसके लिए जब वह ऑन–लाइन सिस्टम की सदस्य बनीं, तो घर–घर जाकर शेयर की जानकारी देनी पड़ी।

1985 से वह इस क्षेत्र में हैं और यहाँ काम करने का उन पर नशा छाया रहता है। पहले–पहल उन्हें ज्ञात नहीं था कि वह इस क्षेत्र में एकमात्र महिला हैं, पर जानकारी होने के बाद उन्हें कोई फर्क नहीं पड़ा। उनकी फिलॉसफी है कि काम महत्त्वपूर्ण है, फिर वह पुरुष–प्रधान क्षेत्र हो या स्त्री–प्रधान। यह बात अवश्य है कि जब तक वह दूसरे नम्बर पर कार्य करती रहीं, पुरुषों का अधिक सहयोग मिला। पर जैसे ही उन्होंने नम्बर वन पोजीशन प्राप्त की, पुरुष सहयोगियों का व्यवहार बदल गया। दीना इससे विचलित नहीं हुईं। वह इसे स्वाभाविक प्रतिक्रिया मान कर अपने काम में लगी रहती हैं।

78

रंजना कुमार

किसी सार्वजनिक बैंक की पहली महिला महाप्रबन्धक

वर्तमान में केन्द्रीय सतर्कता आयुक्त के पद पर कार्यरत रंजना कुमार बैंकिग क्षेत्र की एक प्रसिद्ध हस्ती हैं। जब सरकार ने उन्हें इण्डियन बैंक के सीएमडी पद पर नियुक्त किया था, तो उन्होंने किसी सार्वजनिक बैंक के सर्वोच्च पद पर पहुँचने वाली पहली महिला बनने का गौरव हासिल कर लिया था।

जब रंजना ने इण्डियन बैंक में पदभार सम्भाला था, तो यह बैंक भारी घाटे का सामना कर रहा था, लेकिन रंजना की कार्यकुशलता के कारण बैंक न केवल घाटे से उबर गया, बल्कि इसने मुनाफा भी कमाया।

1966 में बैंक ऑफ इण्डिया में एक प्रोबेशनरी ऑफिसर (पीओ) के तौर पर अपना कैरियर शुरू करने वाली रंजना बाद में नाबार्ड की पहली महिला अध्यक्ष भी बनीं। संगीत, भरत–नाट्यम व कत्थक की जानकारी रखने वाली रंजना असल में पहले डॉक्टर बनना चाहती थीं, लेकिन वे किसी मेडिकल कॉलेज में सीट हासिल नहीं कर सकीं। बाद में उन्होंने बैंकिग क्षेत्र में जिन ऊँचाइयों को हासिल किया, वह आज बहुतों के लिए प्रेरणास्रोत बन चुकी हैं।

79

तर्जनी वकील

एक्जिम बैंक की पहली महिला सीएमडी

केपीएमजी पीट मारविक (यूएसए) द्वारा 1996 में कराये गये एक सर्वे में एशिया महाद्वीप में बैंकिग क्षेत्र की सर्वोच्च अधिकारी चुनी गयी 'तर्जनी वकील' भारत के आयात–निर्यात बैंक (EXIM Bank) की पहली महिला चेयरपर्सन व मैंनेजिंग डायरेक्टर रही हैं।

एक्जिम बैंक से 1996 में रिटायरमेण्ट लेने वाली तर्जनी ने वित्तीय, सूचना व सलाहकार सेवाएँ प्रदान करने वाली एक अनूठी एजेंसी के रूप में एक्जिम बैंक के विकास में महत्त्वपूर्ण योगदान दिया। वे इण्टरनेशनल ट्रेड सेण्टर, जिनेवा की सलाहकार भी रह चुकी हैं और मिस्र में एक एक्सपोर्ट–इम्पोर्ट इंस्टीट्यूशन की स्थापना में उन्होंने मैककिंसे को भी अपनी सेवाएँ प्रदान कीं।

फिलहाल, कई संगठनों के निदेशक मण्डल में शामिल तर्जनी को महिला शिरोमणि (1992), सीईओ ऑफ द इयर (1995) व वूमैन ऑफ द इयर (1996) जैसे पुरस्कारों से सम्मानित किया जा चुका है।

80

अपर्णा मोहिले

डाक सेवा बोर्ड की पहली महिला सदस्य

भारतीय डाक सेवा की 1965 के बैच की अधिकारी अपर्णा भारत की ऐसी पहली महिला हैं, जिन्हें डाक सेवा बोर्ड की सदस्य नियुक्त किया गया। अपर्णा भारत सरकार के डाक विभाग में कई पदों पर सेवा कर चुकी हैं। इनमें सह महानिदेशक (अन्तर्राष्ट्रीय सम्बन्ध और अन्तर्राष्ट्रीय डाक), उप महानिदेशक (मार्केटिंग), पोस्टमास्टर जनरल (मुम्बई) व चीफ पोस्टमास्टर जनरल (महाराष्ट्र क्षेत्र) शामिल हैं।

81

नीरजा भनोट

अशोक चक्र पाने वाली पहली महिला

चण्डीगढ़ की नीरजा भनोट ने छोटी–सी उम्र में ही जो साहस दिखाया, उसने उन्हें सदा के लिए सम्मानित बना दिया। 7 सितम्बर, 1964 को जन्म लेने वाली नीरजा उस समय पैन अमेरिका की फ्लाइट 73 में सीनियर फ्लाइट पर्सर थीं।

1986 में घटी इस घटना के वक्त इस फ्लाइट को जब कराची हवाई अड्डे पर 5 आतंकवादियों ने अपने कब्जे में लिया, तो नीरजा ने डरकर चुप रहने के बजाय शोर मचाकर सबको सावधान कर दिया। इससे पायलट और दूसरे क्रू मेम्बर विमान से उतरने में सफल रहे और आतंकवादी जबर्दस्ती उड़ान न भरवा सके।

जब आतंकवादियों ने अमेरिकी और भारतीय यात्रियों को अलग–अलग करने के लिए नीरजा से पासपोर्ट माँग, तो उन्होंने पासपोर्ट छुपा दिये। नीरजा ने न केवल आपात दरवाजे से यात्रियों की भागने में मदद की बल्कि तीन बच्चों को आतंकवादियों की गोलियों से बचाने के लिए अपनी जान भी दे दी। भारत सरकार ने नीरजा को मरणोपरान्त देश के शान्तिकाल के सर्वोच्च बहादुरी पुरस्कार 'अशोक चक्र' से सम्मानित किया।

नीरजा इस पुरस्कार को हासिल करने वाली न केवल पहली महिला बनीं, बल्कि वे उस समय इसकी सबसे कम उम्र की मरणोपरान्त अशोक चक्र विजेता भी बनीं।

चोकिला अय्यर

पहली महिला विदेश सचिव

चोकिला अय्यर को जब 2001 में विदेश सचिव नियुक्त किया गया, तो इस पद पर पहुँचने वाली पहली महिला बन गयीं। उस समय चोकिला आयरलैण्ड में भारत की हाई कमिश्नर थीं। सिक्किम से जुड़ी चोकिला ने 1964 में भारतीय विदेश सेवा को ज्वॉइन किया था। आयरलैण्ड जाने से पहले वे मैक्सिको में भारत की राजदूत थीं। वे विदेश मन्त्रालय में संयुक्त सचिव (दक्षिण) व अतिरिक्त सचिव (प्रवास, पासपोर्ट व वीजा) के पद पर भी कार्य कर चुकी हैं। 2002 में वे विदेश सचिव के पद से रिटायर हो गयीं।

83

रचेल थॉमस

देश की पहली महिला और एकमात्र असैन्य स्काई डाइवर

एक सैन्य अधिकारी से शादी रचाने वाली रचेल ने आगरा स्थित इण्डियन स्काई डाइविंग फाउण्डेशन से स्काई डाइविंग का क, ख, सीखा और बाद में अमेरिका से इसका एडवांस कोर्स किया। 1979 में जब उन्होंने विमान से पहली बार छलाँग लगायी, तो वे देश की पहली सिविलियन महिला स्काई डाइवर बन गयीं। अपने इस कार्य में अब वे इतनी निपुण हो गयी हैं कि पूरी दुनिया में लोग उनकी कलाबाजियों से अचम्भित रह जाते हैं। अब तक रचेल करीब 670 छलाँग लगा चुकी हैं, जो अपने आप में एक रिकार्ड है। रचेल को स्काई डाइविंग में चार लाइसेंस (A, B, C, D) प्राप्त हो चुके हैं। वे नेशनल एडवेंचर अवार्ड (1994) पाने वाली पहली भारतीय हैं। इसके अलावा उन्हें कई सम्मान हासिल हो चुके हैं। इनमें वायु सेना प्रमुख का प्रशंसा–पत्र (1992), रेल मन्त्री का पुरस्कार (1993) व इन्दिरा गाँधी प्रियदर्शनी पुरस्कार (1995) शामिल हैं।

84

सोनाली बनर्जी

पहली महिला मैरीन इंजीनियर

1999 में जब सोनाली ने ताराताला, कलकत्ता के मैरीन इंजीनियरिंग व रिसर्च इंस्टीट्यूट (MERI) से चार साल का कोर्स करने के बाद अपनी डिग्री हासिल की, तो पुरुषों के प्रभुत्व वाले इस क्षेत्र में यह एक नयी शुरूआत थी।

हालाँकि, महिलाओं के लिए इस कोर्स के दरवाजे खुले हैं, लेकिन इसमें आजादी के बाद से 1999 तक किसी महिला ने डिग्री हासिल नहीं की थी। यहाँ तक कि जब सोनाली ने MERI में एडमिशन लिया तब इंस्टीट्यूट वालों को यह समझ नहीं आया कि वे अपनी इस अकेली महिला विद्यार्थी को कहा रखें।

काफी सोच–विचार के बाद सोनाली को ऑफिसर्स क्वाट्र्स में जगह दी गयी। पुरुषों की मानसिकता को बदलने का इरादा रखने वाली सोनाली को इस उपलब्धि से ही सन्तुष्टि हासिल नहीं हो गयी। वे इससे भी आगे बढ़ीं और उन्होंने देश की पहली मर्चेंट नेवी ऑफिसर बनने का गौरव भी हासिल किया।

85

मेहर मूस

अण्टार्कटिका पर पहुँचने वाली पहली भारतीय महिला

मेहर मूस को भारत की साहसी यात्री के तौर पर जाना जाता है। एक एयर होस्टेस के तौर पर 1965 में एयर इण्डिया को ज्वॉइन करने वाली मेहर ने बॉम्बे के सोफिया कॉलेज से बीए (ऑनर्स) किया और फिर गनर्वमेण्ट लॉ कॉलेज से एल.एल.बी. की डिग्री हासिल की।

मानव विकास में गहरी रुचि रखने व नयी जगहों को देखने और नये लोगों से मिलने के शौक के चलते उन्होंने दुनियाभर के करीब 150 देशों की यात्रा की। उन्होंने 1972 में आर्कटिक की यात्रा की। 1976 में उन्होंने अर्ण्टाकटिका पर गये साहसिक अभियान में हिस्सेदारी की और इस तरह वे श्वेत महाद्वीप पर पहँचने वाली पहली भारतीय महिला बनीं। वे ऑल इण्डिया रेडियो की नियमित प्रस्तोता भी रही हैं।

86

पुनीता अरोड़ा

पहली महिला लेफ्टिनेण्ट जनरल

डॉ. पुनीता अरोरा पहली भारतीय महिला हैं, जिन्हें भारतीय सेना में लेफ्टिनेण्ट जनरल का सर्वोच्च पद प्राप्त हुआ। इससे पहले वह पुणे में आर्म्ड फोर्सेस मेडिकल कॉलेज में कमाण्डेण्ट थीं।

1962 में पुनीता ने पुणे के आर्म्ड फोर्सेस मेडिकल कॉलेज से पोस्ट ग्रेज्यूएशन किया। मात्र 21 वर्ष की आयु में लेफ्टिनेण्ट पुनीता ने अम्बाला से अपनी इण्टर्नशिप पूरी की। तत्पश्चात् उनकी नियुक्ति फतेहगढ़ उत्तर–प्रदेश में हुई। फतेहगढ़ में उस समय डाकुओं का आतंक था। उन्होंने इससे पहले ऐसी जगह नहीं देखी थी, पर अपना कर्तव्य उन्होंने मन लगाकर पूरा किया।

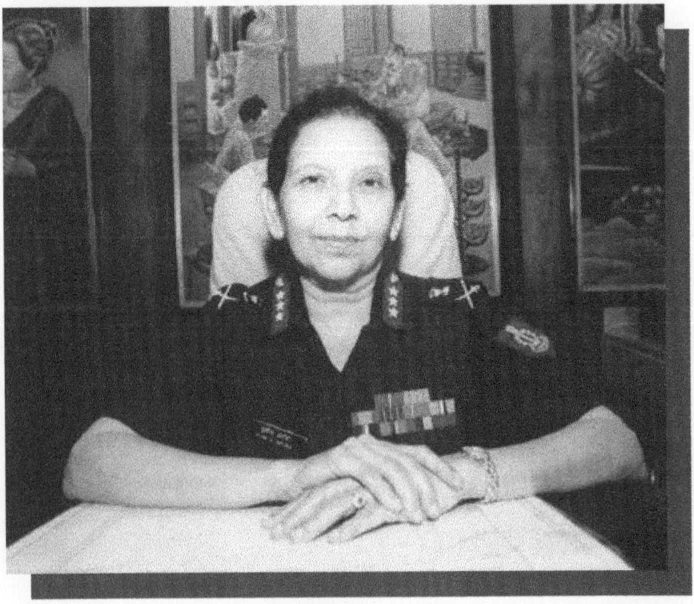

पुनीता जब जम्मू के बेस हास्पिटल में थीं, तब जम्मू के समीप कालूचक्क में आतंकवादियों द्वारा क्रुर नरसंहार हुआ था। पुनीता के नेतृत्व में किये गये सेवाकार्य की सर्वत्र प्रशंसा हुई थी। उन्हें राष्ट्रपति का विशिष्ट सेवा पदक भी प्राप्त हुआ था। एक सेना मैडल भी पुनीता के नाम है। इसके अतिरिक्त उन्हें 15 पदक और मिले हैं।

सशस्त्र सेनाओं की दूसरी शाखाओं में, जहाँ महिलाएँ कैप्टन या मेजर पद तक ही पहुँचती हैं, पुनीता का लेफ्टिनेण्ट जनरल बनना बड़ी उपलब्धि है। वह विश्व की चौथी सबसे बड़ी सेना में इस पद तक पहुँचने वाली प्रथम महिला हैं।

वह कहती हैं, 'यदि मेरे किसी सहकर्मी को यह पद मिलता है, तो वह भी उसी प्रकार गर्व करता, जिस प्रकार मैं कर रही हूँ। मैं ऐसा बिल्कुल नहीं मानती कि एक महिला होते हुए मुझे यह पद मिला, तो यह अतिरिक्त उपलब्धि है।'

87

सुरेखा यादव

एशिया की पहली महिला ट्रेन ड्राइवर

भारत की प्रथम और एकमात्र महिला ट्रेन–ड्राइवर सुरेखा यादव एक सीधी–सादी महिला हैं। सुरेखा का जन्म महाराष्ट्र के सतारा जिले के एक मध्यवर्गीय परिवार में हुआ। सुरेखा पढ़ाई में अच्छी थीं। उन्हें तकनीकी विषयों में अधिक रुचि थी। कराड़ के गवर्नमेण्ट पॉलीटेकनीक से 1986 में सुरेखा ने इलेक्ट्रिक इंजीनियरिंग का डिप्लोमा प्राप्त किया। उनके बैच में वह एकमात्र लड़की थीं।

सुरेखा ने रेलवे बोर्ड की भरती के दौरान आवेदन किया। स्वीकृति के बाद 1987 में लिखित परीक्षा में उत्तीर्ण हुईं। साक्षात्कार में पास हुईं। 1989 में वैद्यकीय परीक्षा में प्रथम रहीं और भारतीय रेलवे में सहायक ड्राइवर पद पर नियुक्त हुईं।

इंजन की जानकारी, मालगाड़ी व पैंसेजर–गाड़ी चलाना आदि के बारे में सम्पूर्ण जानकारी उन्हें प्रशिक्षण द्वारा दी गयी। सर्वप्रथम ड्राइवर की जिम्मेदारी मिली, फिर वह लोकल ट्रेन की ड्राइवर बनीं। मुख्य ड्राइवर बनना चुनौतीपूर्ण काम था। पर सुरेखा ने उसे भी स्वीकार किया।

पिछले सोलह वर्षों में सुरेखा सेण्ट्रल रेलवे में मोटरमैन हैं। उन्हें सी.एस.टी. से बदलापुर या सी.एस.टी. से घाटकोपर के दो राउण्ड लगाने पड़ते हैं। 7 घण्टों की उनकी ड्यूटी होती है। 9 डिब्बों और 12 कम्पार्टमेण्ट की लोकल गाड़ियों में 20 हजार यात्रियों को वह एक स्थान से दूसरे स्थान तक ले जाती हैं।

सुरेखा यादव एक निडर महिला हैं। सुनसान घाटों में तकनीकी खराबी आ जाने से रेल रुक जाये, तो वह भयभीत नहीं होतीं। गाड़ी विलम्ब से चलने पर लोग बेकाबू हो जायें, तो भी वह नहीं घबरातीं। वह स्त्री होने का कोई फायदा उठाना नहीं चाहती, न उन्हें यह फायदा मिलता है। हाँ इतना जरूर है कि ड्राइवर की सीट पर उन्हें देखकर लोग उनका आदर करते हैं। सुरेखा मुम्बई को शहर को महिलाओं की सुरक्षा की दृष्टि से सबसे सुरक्षित शहर मानती हैं।

44

सुचेता कदेथांकर

पहली भारतीय महिला जिसने गोबी रेगिस्तान पार किया

पुणे की रहने वाली 33 वर्षीया सुचेता कदेथांकर 1,623 किमी दायरे में फैले गोबी रेगिस्तान पार करने वाली पहली भारतीय महिला बन गयी हैं। गोबी रेगिस्तान एशिया का सबसे बड़ा और विश्व का ऐसा पाँचवाँ रेगिस्तान है।

रिप्ले डेवनपोर्ट की अगुवाई में गये 13 सदस्यीय अभियान में शामिल सुचेता ने अपना अभियान 15 जुलाई, 2011 को पूरा किया। तब 60 दिवसीय इस अभियान के खत्म होने में नौ दिन बाकी थे। मंगोलिया की रेत की गरमी में यह साहसिक कारनामा करने वाली वह पहली भारतीय महिला बन गयी हैं। इस अभियान के लिए गये 13 सदस्यीय दल में से केवल सात ही मंजिल तक पहुँच पाये। सुचेता कदेथांकर के साथ–साथ ऑस्ट्रेलिया और सिंगापुर की एक–एक महिला को भी गोबी रेगिस्तान पार करने में सफलता मिली। शेष छह सदस्य घायल होने या किसी अन्य कारण के चलते अभियान से अलग हो गये थे।

अभियान के दौरान सुचेता हर दिन औसतन 32 किमी चलती थीं। 25 मई को उनका अभियान मंगोलिया के खोंगोर्न के उत्तर से शुरू हुआ था। अभियान दल में ऑस्ट्रेलिया, इंग्लैण्ड, स्कॉटलैण्ड, हांगकांग और सिंगापुर के सदस्य भी थे।

आसान नहीं था, अभियान

- प्रतिदिन 25 से 32 किलोमीटर चलना होता था।
- गरम दिन और ठण्डी रातों का सामना करना पड़ा।
- रेतीले तूफानों का भी सामना किया टीम ने।
- अभियान से पहले कड़ी ट्रेनिंग दी गयी।
- कार के तीन टायर लादकर पैदल चलना होता था।
- ऊँट की लात खाकर भी नहीं खोया हौसला।

कौन हैं सुचेता

- 33 वर्षीय सुचेता पुणे में सिमेण्टेक सॉफ्टवेयर में चीफ इंफार्मेशन डेवलपर के तौर पर काम करती हैं।
- घर से ऑफिस की 24 किमी की दूरी प्रतिदिन पैदल पूरी करती हैं। लम्बी दूरी तक साइक्लिंग, दौड़ने की भी अभ्यस्त।
- पर्वतारोहण और रोमांचक खेलों में दिलचस्पी बनी गोबी अभियान की प्रेरणा।
- माउण्ट एवरेस्ट के बेस कैम्प तक चढ़ायी कर चुकी हैं।
- भारत में एडवेंचर रेस एण्ड्यूरो–3 में आईटी श्रेणी में विजेता।

89

हर्षा चावड़ा

देश की पहली आईवीएफ 'बेबी'

मुम्बई के ईएम अस्पताल में 6 अगस्त 1986 को मनी चावड़ा ने देश की पहली टेस्टट्यूब बेबी को जन्म दिया था। यह टेस्टट्यूब 'बेबी' हर्षा चावड़ा अब 25 साल की हो गयी हैं। अपने जन्मदिन पर शनिवार को हर्षा सिद्धि विनायक मन्दिर गयी और वहाँ उन्होंने गणपति बप्पा से आशीर्वाद के रूप में एक नौकरी माँगी। मुम्बई युनिवर्सिटी से वाणिज्य स्नातक हर्षा कहती हैं, 'मेरे लिए कुछ भी नया नहीं है। मैं भी अन्य लड़कियों की ही तरह हूँ। लेकिन मुझे हमेशा लगता है कि मैं कुछ खास हूँ।'

हर्षा पिछले चार साल से एक प्राइवेट कम्पनी के बैंक ऑफिस में क्लर्क के रूप में कार्यरत थी। लेकिन दो महीने पहले बीमार होने पर उन्हें अस्पताल में भर्ती किया गया था। इससे उसकी नौकरी छूट गयी। अब वह पूरी तरह स्वस्थ है, लेकिन बेरोजगार है और नौकरी ढूँढ रही है।

हर्षा जोगेश्वरी में अपनी माँ के साथ किराये के मकान में रहती है। उसके पिता का कुछ साल पहले निधन हो गया। परिवार में हर्षा इकलौती कमाने वाली सदस्य है। उसकी माँ मनी कहती हैं, 'मुझे गर्व है कि मैं देश की पहली आईवीएफ माँ हूँ। लेकिन मेरी बेटी खुश नहीं है, इसलिए मैं भी खुश नहीं हूँ। हम गरीब हैं और इस शहर में मकान नहीं खरीद सकते। हमने इस मर्तबा जन्मदिन नहीं मनाने का फैसला किया और सिर्फ सिद्धि विनायक के दर्शन किये।'

मनी पुराने दिनों को याद करते हुए कहती हैं कि डॉ. इन्दिरा हिन्दुजा के हाथों से हर्षा इस दुनिया में आयी थी। वह मेरी जिन्दगी का सबसे खुशी भरा पल था। तकनीक को पूर्णता देने के लिए काफी मेहनत की गयी थी। आजकल आईवीएफ ट्रीटमेण्ट पर 1–1.5 लाख का खर्च आता है।